HEYNE‹

Claire über dieses Buch

Mit etwa fünfzehn Jahren entdeckte ich zufällig ein Tarotspiel meiner Mutter, das mich unwiderstehlich in seinen Bann zog. Eine geheimnisvolle Zauberwelt hatte mir die Pforten geöffnet, und ich wollte alles darüber herausfinden!

Mein Wunsch nach einem praxisnahen Buch deckte sich mit dem vieler anderer. Also begann ich zu schreiben mit dem Ziel, Anfängern einen Weg in die faszinierende Zauberwelt zu weisen. Dabei möchte ich freie und naturverbundene Magie, wie es sie schon seit Jahrhunderten gibt, vermitteln. Ich halte diese auf alten Erfahrungen beruhende Magie für die beste und wirksamste und hoffe, dass es meinen Lesern ähnlich geht und sie damit dieselben positiven Erfahrungen sammeln wie ich.

Die Autorin

Aufgewachsen in einer ländlichen Gegend, inmitten einer reichen Fülle von alten, geheimnisvollen Bräuchen, interessierte sich Claire schon früh für die spirituelle Kraft der weißen Magie. Heute ist die Lebensberaterin und praktizierende Hexe eine der erfolgreichsten Autorinnen zum Thema Magie. Zahlreiche TV-Auftritte machten sie über die Grenzen Deutschlands hinaus bekannt. Claire lebt in Leipzig.

www.hexe-claire.de

CLAIRE

Basiswissen
Weiße Magie

Das Einmaleins der
Hexenkunst

WILHELM HEYNE VERLAG
MÜNCHEN

Die Originalausgabe erschien im Ubooks Verlag.

Verlagsgruppe Random House FSC® N001967

8. Auflage
Taschenbuchausgabe 01/2011

Copyright © 2003 by Claire
Copyright © 2011 dieser Ausgabe
by Wilhelm Heyne Verlag, München
in der Verlagsgruppe Random House
Printed in Germany
Umschlaggestaltung: Guter Punkt, München
unter Verwendung einer Abbildung
von © Jürgen Ziewe / Shutterstock
Herstellung: Helga Schörnig
Satz: C. Schaber Datentechnik, Wels
Druck und Bindung: GGP Media GmbH, Pößneck
ISBN 978-3-453-70161-8

http://www.heyne.de

Ich widme dieses Buch Nora und Stephan. Ihr seid für mich Liebe, Inspiration, Fels in der Brandung und noch so vieles mehr. Und natürlich widme ich es auch all meinen Leserinnen und Lesern: vielen Dank für eure Anregungen, eure Treue und das Feedback, das ich von euch bekomme!

Inhalt

Vorwort

Viel Zeit ist vergangen, seit ich dieses Buch begann. Ich konnte wichtige Erfahrungen, vor allem in der Arbeit mit anderen zusammen, sammeln. War dieses Buch anfangs mehr eine Art Zusammenfassung allgemeinen magischen Wissens, so reifte es nun noch um einiges an persönlichem Wissen.

Immer wieder kamen Anfragen von Freunden oder Ratsuchenden, ob ich nicht eine Art Zauberlehrgang für Anfänger erstellen könnte. Ich hoffe, das ist mir mit diesem Buch gelungen und wünsche viel Freude an der Lektüre!

Ihre Claire

Hexenfrauen –
ein paar Gedanken zum Thema

Was ist eine Hexe?
Ist das ein kleines,
schrulliges Wesen mit
schwarzem, spitzem Hut
und bemerkenswerter Nase,
das durch alle möglichen Trickfilme geistert? Wohl kaum,
auch wenn diese Vorstellung wahrscheinlich noch eine
der liebenswertesten ist. Hexen erscheinen uns unheimlich – aber warum ist das so? Vielleicht, weil freie Frauen
(und auf diesen Nenner lassen sich die Hexen in jedem
Fall bringen) allgemein unheimlich sind? Eine Frau, die
so frei ist zu essen, was ihr schmeckt, und dadurch die
eine oder andere Rundung mehr hat, wird schief ange-
guckt. Sie unterwirft sich nicht dem kollektiven Zwang
der Hungerhaken und wird dafür geächtet. Es gibt unzählige weitere Bereiche, wo eine Frau einfach nicht sie
selbst sein kann oder darf. Hexen versuchen diese Regeln, so weit es möglich ist, zu hinterfragen. Hexen sind
sinnliche Frauen, die gern genießen, und zwar das, was

sie wollen, und so viel sie wollen, weil sie ein natürliches Gefühl dafür haben.

Aber auch Hexen leben in derselben Gesellschaft, die uns Frauen (und nicht nur uns) in bestimmte Gussformen zur Normerfüllung pressen will. Da wir wissen, dass wir keine Superfrauen sind, wissen wir auch um unsere Schwächen. Die Kunst besteht darin, diese als ganz liebenswert zu empfinden, ja ihnen überhaupt erst einmal ein Gefühl zu widmen und sie nicht in die seelischen Kellergemächer zu sperren und so gut wie möglich zu unterdrücken. Als Erstes verabschieden Sie sich bitte von der grausamen Vorstellung, perfekt sein zu müssen.

Die meisten Hexenhaushalte sind nicht perfekt, immer sauber und blitzeblank. Das muss auch gar nicht sein! Die Unordnung hat auch Vorteile. So kriegen Sie weniger Allergien gegen ätzende und aggressive Putzmittel, und wer will schon ständig putzen, wenn es so viele andere schöne Beschäftigungen gibt?

Sie müssen nicht perfekt sein, egal, wer oder was Sie sind. Seien Sie Sie selbst, das ist schon schwer genug. Zumindest, wenn es um die Magie geht. Womit wir auch schon beim nächsten Thema wären, dem Doppelleben. Es ist eine der unschönen Seiten des Hexenlebens, aber meist können Sie sich nicht so ohne Weiteres in die Öffentlichkeit stellen und sagen, Sie seien eine Hexe.

Der Satz »Tief verschüttet in deinem Inneren hast auch du dieses Potenzial« würde Ihre Schwiegermutter nicht unbedingt in Entzücken ausbrechen lassen, so viel ist klar. Und was Ihr Freund, beziehungsweise Mann (oder Ihre Frau) wohl davon halten würde oder Ihre Mutter, Ihre Kinder, die Freunde? Mal ganz abgesehen von wildfremden Menschen, die Sie plötzlich als eine Gefahr brandmarken würden!

Ich weiß, wovon ich rede. Man wird manchmal als nicht ganz richtig, bedrohlich oder als die buchstäbliche Reinkarnation des Weihnachtsmannes angesehen, die doch jetzt bitte alle Wünsche erfüllen soll, wenn sie schon mit magischen Kräften ausgestattet ist.

Reden Sie also nicht zu viel von Ihrer Lebensweise, auch wenn Sie manchmal fast platzen möchten vor Freude darüber, dass diesmal dieser oder jener Zauber so wundervoll geklappt hat und man jetzt beispielsweise finanziell über den Monat kommt oder diesen schnuckeligen Kerl kennengelernt hat. Natürlich wäre es mir auch lieber, ich bräuchte Ihnen diesen Tipp nicht zu geben, aber die tatsächliche Religionsfreiheit ist halt so eine Sache …

Sie müssen übrigens keinem Coven (Hexenzirkel) angehören, um eine gute Hexe zu werden. Es kommt immer ganz darauf an, ob man so was mag oder nicht. Ob man einen Coven in seiner Nähe überhaupt vorfindet und sich dann auch noch mit den Leuten versteht, ist die andere Frage, die es zu klären gilt. Sie müssen sich auch nicht zu Wicca bekennen oder zu einer anderen der »alten« Religionen. Als Hexe machen Sie schließlich Ihre eigenen Regeln.

Da Hexenreligion beziehungsweise Hexesein viel mit den Kräften der Natur zu tun hat (zum Beispiel wenn wir Kräuter nutzen), finde ich, dass man die Natur auch respektieren und feiern sollte. Auf die dazu passenden Jahreszeitenfeste und Vollmondfeiern gehe ich im entsprechenden Kapitel weiter unten ein. Religiöse Vorstellungen, wie beispielsweise die von Göttin und Gott, welche sich in Teilen des Wicca finden (es gibt auch Wege, die ausschließlich mit der Göttin arbeiten), habe ich in diesem Buch bewusst außen vor gelassen, weil ich meinen Lesern prinzipiell nicht in Glaubensfragen hineinrede. Zudem sind die meisten heutigen Hexen ohnehin freifliegend und folgen der Stimme ihrer Intuition.

Noch ein paar Worte zur schwarzen Magie. Vielleicht haben Sie bereits gehört, dass diese nicht ganz gesund ist und man nach alter Regel alles, was man aussendet, dreifach zurückbekommt. Was sich bei guten Wünschen gut und bei schlechten Wünschen schlecht auf den Zaubernden auswirkt. Doch was ist schwarze Magie genau? Kann nicht auch ein intensiver Liebeszauber, mit dem man ja den freien Willen des anderen lenken will, unter dieses Kapitel fallen? Wo ist die Grenze? Die Antwort ist klar: In der Absicht! Wenn Sie mit blutendem Herzen dasitzen, ist das sicherlich ein Grund, es zu versuchen, doch wenn Sie wirklich Macht über den anderen wollen, lassen Sie's lieber. Ich möchte Sie wirklich bitten, es nicht selbst auszuprobieren, denn alles im Leben kostet etwas, und manchmal ist der Preis höher als Sie denken.

Vielleicht überzeugt Sie die folgende Geschichte aus meinen eigenen Anfängen: Ich hatte jemanden kennengelernt, aber aus verschiedenen Gründen sagte mir dieser Mann mit der Zeit immer weniger zu. Als es schließlich zum Bruch kam, beleidigte er mich übel, wobei ich mich an die Geschichte von dem Fuchs und den Trauben erinnert fühlte. Anstatt darüber zu lachen und diesen Kleingeist innerlich endgültig loszulassen, steigerte ich mich in meine Wut über diese unverschämten Äußerungen hinein, und am Abend desselben Tages hatte ich ihn schon mit einem Fluch belegt. Was ihm zwar nicht bekommen ist, aber glauben Sie mir, die folgende Zeit war für mich lehrreich genug, um in Zukunft von so etwas die Finger zu lassen! Es begann, als ich abends ein Teelicht löschen wollte, was aber mit Auspusten absolut nicht funktionierte. Also tropfte ich etwas Wasser auf den Docht und plötzlich fabrizierte dieses Teelicht (!) eine Stichflamme von fast einem Meter Höhe. Aber das war erst der Anfang: Am nächsten Morgen verbrannte ich mir beim Brötchenaufbacken dermaßen die Finger, dass eine dicke Brandblase entstand. Auf dem Weg zur Morgenzeitung fiel ich fast die Treppe herunter. Als ich wieder oben ankam, hatte das Fenster meinen Lieblingskaktus vom Fensterbrett geworfen. Mir schwante schon, dass das ein paar Zufälle zu viel sind, als auch noch der Wasserkocher durchknallte. Und das alles in nicht mal zwölf Stunden! Langsam wurde mir etwas mulmig zumute. Da man in solchen Fällen besser schnell handelt, bevor zum Beispiel das Bücherregal spontan die Katze erschlägt, setzte ich mich vor meinen Altar, räucherte mit etwas Salbei, um die negativen Energien aufzuheben, und bat um Entschuldigung. Ab da herrschte wieder Frieden und Eintracht, nur die Verletzung auf der Hand brauchte noch eine Weile, um zu verschwinden.

Wobei dies noch ein Beispiel für einen eher glimpflichen Ausgang ist. Manche Menschen entwickeln zum Beispiel echte Verfolgungsgefühle aus einem schlechten Gewissen heraus.

Oder es passieren einem nicht nur kleine Unfälle.

Und warum sollten Sie sich mit so etwas herumschlagen, wenn Sie die Magie so viel besser nutzen können. Mit Licht und Liebe, wie man so schön sagt. Was natürlich nicht heißen soll, dass Sie immer klein beigeben sollen. Sie müssen einfach das richtige Gleichgewicht suchen. Doch Ihr magisches Tun sollte den positiven Energien ganz allein vorbehalten sein. Nutzen Sie Ihre Magie, um neue Energien zu tanken, um zu schützen, was Ihnen lieb und teuer ist, um eine Sache in Ihr Leben zu holen oder wieder verschwinden zu lassen.

Ein Wort noch zur Begabung, die man mitbringen muss. Es existieren ja die kuriosesten Tests, mit denen man angeblich seine Fähigkeiten in diesem Bereich messen kann. Gehen Sie für das Geld lieber ins Kino. Natürlich gibt es unterschiedliche Grade und Gebiete der magischen Begabung, aber durch konsequentes Ausprobieren und Sich-Weiterentwickeln ist es jedem möglich, auf diesem Feld etwas zu erreichen. Da sind wir wieder bei der Vielfältigkeit und Einzigartigkeit von Menschen. Vergessen Sie das Leistungsprinzip, wenn Sie sich an Magie wagen. Magie kommt aus dem Bauch, dem Unterbewusstsein. Sie können sie im Rahmen Ihrer Möglichkeiten freilegen, aber das braucht seine Zeit. Also weg mit den »Besser-als-Gedanken« und her mit einer ordentlichen Portion Selbsterfahrung, die auch ziemlich viel Spaß mit sich bringt. Denn Sie müssen ausloten, welche Energien Ihnen am nächsten verwandt sind, welche Sie dringend mal wieder bräuchten und wie wichtig sie für Sie sind.

Vergessen Sie nicht, dass Menschen sich wandeln und dass auch Sie stetem Wandel unterworfen sind. Alles braucht seine Zeit, die manchmal nicht ganz mit Ihren Wünschen übereinstimmt. Sie müssen lernen, das zu akzeptieren. Der Gedanke, dass alles machbar ist, führt meiner Meinung nach nur zu Unzufriedenheit, nicht zu einer glücklicheren Welt. Wo illusorische Dinge zur Alltäglichkeit werden, so angenehm dieser Fortschritt auch ist, da ist auch schon wieder dieses »Schneller-Höher-Weiter« im Menschen geweckt. Man nörgelt an Erfolgen rum, weil es ja eigentlich noch besser sein könnte. Vergessen Sie das, wenn Sie mit Magie arbeiten.

Denn hier geht es um eine Entdeckungsreise in uns selbst und die Welten zwischen Himmel und Erde. Dazu müssen Sie Ihr eigenes Tempo herausfinden. Schielen Sie niemals auf das, was andere können oder zumindest behaupten, dass sie es könnten.

Wie Sie vielleicht schon gesehen haben, gibt es die Hexe an sich nicht. Hexen passen in kein Stereotyp, sie sind auch nicht alle unkonventionell oder leben alternativ. Sie sind Frauen, die lernen. (Ich hoffe, die Herren der

Schöpfung fühlen sich jetzt nicht im Nachteil, sie sind natürlich auch angesprochen. Aber erfahrungsgemäß interessieren sich Frauen eher für diese Dinge.) Das kann eine Sekretärin sein, ein Glamourgirl, eine Verkäuferin oder eine Emanze. So unterschiedlich, wie Menschen eben sind.

Und wenn wir uns jetzt noch der Kräfte, die tief in uns schlummern, besinnen, sind wir eine ganze Ecke machtvoller. Wobei manche Menschen genau damit ein Problem haben: Ist es nicht anrüchig, die Dinge hintenherum mithilfe der Magie zu manipulieren? »Aber warum denn?«, frage ich meistens zurück. Alles können wir sowieso nicht herbeihexen. Wenn etwas absolut nicht passieren soll, dann lässt es sich auch mit dem machtvollsten Zauberspruch nicht erzwingen. Ich glaube aber, dass der Hauptgrund für ein schlechtes Gewissen, wenn man Magie benutzt, darin liegt, dass sie für viele von uns so »exotisch« wirkt.

Früher war es ganz normal, dem Leben damit hin und wieder auf die Sprünge zu helfen, in manchen ländlichen Gegenden ist das übrigens bis heute noch so. In unserer kopflastigen, technischen Welt muss eine Kraft, die aus den Tiefen der Seele kommt, natürlich auf den ersten Blick geradezu unheimlich wirken.

Gehen Sie einfach Ihren Hexenweg und grübeln Sie nicht darüber, ob es unfair ist, Magie zu nutzen oder nicht. Denn sie ist nur eines: natürlich. Wenn andere Menschen den Kontakt zu ihrer Natur verloren haben, müssen Sie deshalb nicht auf Ihre eigene verzichten.

Nun möchte ich Ihnen noch ein weises Wort mit auf den Weg geben: Magie kann man in einem gewissen Sinne nur lernen, nicht lehren. In diesem Sinne, lernen Sie viel aus den folgenden Kapiteln, aber sehen Sie diese nicht als Gesetz an. Dieses Buch ist als Inspiration und Ratgeber gedacht. Ihre Magie müssen Sie selbst kreieren. Das ist auch viel interessanter als vorgefertigte Schemata abzuarbeiten. Nehmen Sie die Herausforderung ruhig an.

Ingredienzien:
Von Elementen, Planeten, Metallen, Edelsteinen und Pflanzen

»*Die Dosis macht das Gift.*«

Paracelsus

Ausspruch von Paracelsus, eigentlich Philippus Aureolus
Theophrastus Bombastus von Hohenheim, deutscher Arzt,
Naturforscher und Philosoph, * 17. 12. oder 10. 11. 1493
oder 1494 Einsiedeln, † 24. 9. 1541 Salzburg

Die vier Elemente

Dieses grundlegende Thema wird oft ein bisschen stief-
mütterlich behandelt. Aber warum sind die vier Elemente so wichtig für die Magie? Ganz einfach, weil sie
überall und jederzeit wirken, sie sind ein wesentlicher
Teil unseres Lebens. Das macht sie sehr vielschichtig.
Man schaue sich beispielsweise einen Flächenbrand,
ein Räucherstäbchen oder das sprichwörtliche Feuer der
Leidenschaft an. All dies sind Beispiele für das Wirken
des Elements Feuer.

Für uns, die wir im Schulunterricht das Perioden-
system der Elemente gepaukt haben, ist die Vorstellung von vier Elementen wahrscheinlich zunächst be-
fremdlich. Doch hier geht es ja nicht um chemische
Eigenschaften, sondern um kosmische Wirkprinzipien,
die zusammen das Ganze bilden. Keines der Elemente
kann allein für sich existieren. Sie alle werden immer wieder neu gemischt und entfalten dadurch als
Grundbausteine des Lebens ihre ganz speziellen Wirkungen.

Vielleicht kennen Sie bereits die Zuordnung von Temperament und Element, die besagt, dass der Typ des Sanguinikers dem Luftelement, der Choleriker dem Feuerelement, der Melancholiker dem Wasserelement und der Phlegmatiker dem Erdelement entspricht.

Dies charakterisiert die einzelnen Elemente für den Anfang ganz gut. Doch für unsere magischen Experimente brauchen wir natürlich noch ein paar Informationen mehr. Die Elemente sind zum Beispiel für die Persönlichkeitsformung und das Entdecken neuer Eigenschaften oder vergessener Bereiche im Selbst nützlich. Rituale, die man zu ihrer Verstärkung zelebriert, zielen eher auf langfristige Veränderung im Großen als auf eine bestimmte Sache ab. Wobei hier Ausnahmen die Regel bestätigen können.

Luft △

Als erstem Element sind ihr auch die verschiedenen Anfänge im Leben gewidmet. Der Osten, in dem die Sonne ihren Lauf beginnt, der Frühling als Anfang des neuen Vegetationsjahres und der Morgen eines jeden Tages.

In all diesen Zeiträumen und in besagter Himmelsrichtung ist es also günstig, ein Luftritual zu feiern.

Da der Luft Verstand und Geist des Menschen zugeordnet sind, steht sie auch für deren spezielle Eigenschaften. Im Positiven sind das Fleiß, Gewandtheit, Freude und Optimismus. Kehrt man das Ganze ins Negative, steht die Luft für Prahlerei, Leichtsinn, Verschwendungs- und Klatschsucht.

Ihrer Leichtigkeit entsprechend sind ihr die zuge- ordneten Farben: weiß, fliederfarben, hellblau und gelb. Dies sind bei einem Luftritual also Ihre Basisfarben für Kleidung, Kerzen, Altartuch, Altarschmuck und die Blu- men, wenn Sie welche dazu mögen.

Die magische Waffe ist das Schwert beziehungsweise der Dolch, um die Schärfe der Gedanken zu symbo- lisieren. Der passende Edelstein ist der Topas, und als Kräuter zum Räuchern sind Weihrauch, Eisenkraut, La- vendel, Primel und Schafgarbe gut. Räuchern ist bei Luftritualen (logischerweise) obligatorisch, denn dieses Element steht auch für den Geruchssinn.

Die entsprechenden Elementargeister sind die Syl- phen, Naturgeister mit menschenähnlichen Körpern, jedoch fließend mit flexiblen Gliedmaßen. Sylphen be- wegen sich durch die Luft und sind blitzschnell. Ihre Kleider umgeben sie wie wehende Schleier. Dadurch scheint es, als seien sie ständig in Bewegung. Sie regen die Pflanzen zum Wachstum an, überwachen den Luft- raum und beeinflussen die Luftströme. Als Gottheiten werden Hermes und Nike unter vielen anderen verehrt. Der Luft entsprechen natürlich die Vögel, besonders der Adler als Symboltier. Aber auch Federn von ande- ren Vögeln tun gute Dienste, legt man sie beim Ritual auf den Altar. (Aber jetzt bitte nicht den Wellensittich rupfen!)

Die »luftigen« Sternzeichen sind Zwillinge, Waage und Wassermann.

Feuer △

Dieses Element spiegelt sich im Sommer und im Mittag, daher sind dies die idealen Zeitpunkte, um ein Feuerritual abzuhalten. Dass Feuer dem menschlichen Willen zugeordnet ist, überrascht sicher nicht. Auch die Farben sind typisch: rot, orange und gold. Der Löwe ist das zugeordnete Symboltier. Das magische Gerät ist der Stab, der dazugehörige Stein der Feueropal, aber auch Karneol und Jaspis sind eine gute Wahl.

Und auch die Feuerpflanzen haben es in sich: Knoblauch, Hibiskus, Pfeffer, Zwiebel und Senfsamen. Seien Sie äußerst sparsam bei der Dosierung, diese Substanzen haben auch in geringen Mengen einen durchschlagenden Erfolg. Der zugeordnete Sinn ist der des Sehens.

Im Positiven symbolisiert das Feuerelement Aktivität, Mut, Entschlossenheit und Begeisterung. Es kann auf der negativen Seite jedoch umso verheerender sein, dort steht es für Eifersucht, Hass, Rachsucht und Zorn.

Vielen unliebsamen Zeitgenossen mangelt es also nicht an Energie, sie ist nur leider in die falschen Kanäle geleitet. Die entsprechenden Gottheiten sind die wundervolle Bastet (die sich in der Mythologie auch in die grausame Sechmet verwandeln kann; auch hier treffen wir wieder auf die zwei Seiten dieses Elements) und Horus. Die Elementargeister des Feuers sind die Salamander.

Noch ein Tipp: Feuerrituale können nur zu leicht übers Ziel hinaus schießen. Vorsicht!

Falls Sie eher schüchtern sind und sich nur schwer durchsetzen können, entflammen Sie sich. Die »feurigen« Sternzeichen sind Widder, Löwe und Schütze.

Wasser ▽

Es ist das Element der Seele, welches genauso viele Facetten kennt, wie unsere Gefühle. Seine Richtung ist der Westen, besonders wirksam sind Rituale zu den zugeordneten Zeiten: nachmittags und im Herbst. Die magische Waffe ist der Kelch, Symbol für die Weiblichkeit im Vergleich zum männlichen Schwert der Luft. Je nach magischem System kann aber auch der Stab die Rolle als männlicher Gegenpart spielen.

Auch beim Wasser sind die Korrespondenzen leicht in unserer Vorstellungswelt zu finden. Die Farben sind blau, türkis, grün und grau. Der Edelstein ist der Aquamarin, das Symboltier sind natürlich Fische und die zugeordneten Geister sind die Nixen. An Pflanzen korrespondiert alles, was in und am Wasser wächst, wie Weide, Farn, Algen, Moos oder Tang mit diesem Element.

Der entsprechende Sinn ist der Geschmack. Und auch mit dem Wasser verbindet man spezielle Eigenschaften. Im Guten: Bescheidenheit, Mitgefühl, Ruhe und Vergebung. Im Negativen: Gleichgültigkeit, Nachgiebigkeit, Phlegma und Schüchternheit. Die Gottheiten sind, wie bei den anderen Elementen auch, recht vielfältig. Ich lege Ihnen Tiamat und Poseidon als besonders archetypische Beispiele ans Herz. Und um die Sache rund zu machen, hier noch die »wässrigen« Sternzeichen: Krebs, Skorpion und Fische.

Wasserrituale sind im Übrigen nicht so heikel wie das hochenergetische Feuer. Gerade heutzutage sollte man sich von Zeit zu Zeit hinsetzen und ein kleines Wasserritual oder eine Meditation dazu machen. Wir verdrängen viel zu viele unserer Gefühle zugunsten rationaler Erwägungen, doch auch sie brauchen ihren Freiraum.

Erde ▽

Mit der Erde ist unser Kreis der irdischen Elemente vollständig. Die Erde ist das schwerfälligste Element. Sie ist dem Norden, der Nacht und dem Winter zugeordnet. Erde, das ist nach Geist, Willen und Gefühl das Element des Körpers.

Das Symbol des Elementes Erde ist der Drudenfuß, farblich entsprechend sind schwarz, braun und grün. Sein Stein ist der Bergkristall – wer denkt da nicht an die Zwerge im Märchen, die ihn bewachen! Und in der Tat sind die Gnome die Elementargeister der Erde.

Ganz am Rande: Lesen Sie Märchen! Suchen Sie nach alten Kinderliedern und -reimen! Wir haben viel zu viel an altem Wissen eingebüßt, aber darin findet man oft noch erstaunliche Schätze an naturmagischem Wissen.

Der Stier ist das Symboltier der Erde, und als Pflanzen sind diesem Element Efeu, Eiche, Patchouli, Getreide und alle Wurzeln (beispielsweise rote Bete, Karotten, Schwarzwurzeln usw.) zugeordnet. Es gibt viele alte Fruchtbarkeitsgötter, die auf das Innigste mit der Erde verbunden sind, zum Beispiel Cernunnos, der traurige Bekanntheit erlangt hat, da die Christen sein Bildnis als Vorlage für den Teufel nutzten. Dabei ist der keltische Gott der Wälder, der Natur und der Jagd als Gefährte der großen Göttin alles andere als dämonisch oder böse. Er steht für Fruchtbarkeit, die Lebenskraft des Mannes, Instinkte und Wachstum. Eine weitere wichtige Gottheit dieses Elements ist Demeter. Als Eigenschaften identifiziert man mit der Erde im Positiven Ausdauer, Verantwortungsbewusstsein und Achtung vor anderen. Im Gegensatz dazu die negativen Eigenschaften: Faulheit, Gewissenlosigkeit, Schwermütigkeit und Unregelmäßigkeit.

Unser entsprechender Sinn ist der Tastsinn. Die »erdigen« Sternzeichen sind Stier, Jungfrau und Steinbock. Erdrituale empfehle ich Ihnen besonders, wenn Sie das Gefühl haben, den Boden unter Ihren Füßen zu verlieren und von Ihrem wahren Ich abgeschnitten zu sein. Wenn Sie sich viel mit Esoterik befassen, genauso bei kopflastiger und emotionaler Arbeit, sollten Sie sich etwa einmal in der Woche »erden«.

Gab es da nicht noch ein weiteres Element? Richtig, der Äther, auch Akasha genannt. Dieses göttliche Element ist es, das den anderen vier Leben einhaucht. Es ist das, was wir zum Beispiel als Gott bezeichnen, die erste Bewegung, die alle folgenden in Gang brachte, die sich dann von selbst weiter vollziehen.

Dieses Element birgt viele Geheimnisse, die hier unmöglich angeführt werden können. Ich wollte es aber dennoch erwähnen, um die fünf Spitzen des Pentagramms vollständig zu machen.

Die sieben Planeten und die Mondin

Hatten Sie Astronomieunterricht in der Schule? Ich hatte das Vergnügen, und es sind so lehrreiche Sätze wie »Mein Vater erklärt mir jeden Sonntag unsere neun Planeten« hängen geblieben. Dieser Satz erklärt in den Anfangsbuchstaben seiner Worte die Abfolge unserer Planeten von der Sonne, dem Zentrum ausgehend: Merkur, Venus, Erde, Mars, Jupiter, Saturn, Uranus, Neptun und Pluto. Welche Bedeutungen die Planeten tatsächlich haben, sollte ich erst viel später erfahren.

Besonders der Mond oder die Mondin, wie ich sie im Folgenden nennen werde, da sie das weibliche Prinzip verkörpert. Doch auch die anderen Planeten sind wertvolle Begleiter im Ritual wie im täglichen Leben. Aber sie können mit ihren Kräften auch so einiges durcheinanderbringen, wenn man ihnen nicht die erforderliche Beachtung schenkt oder sie falsch anwendet. Ich werde Ihnen hier also einen Überblick über die wichtigsten Fakten der sieben in der Magie relevanten Planeten nahebringen.

Hier zunächst die Symbole der einzelnen Planeten:

Mond(in)	Montag	☾
Mars	Dienstag	♂
Merkur	Mittwoch	☿
Jupiter	Donnerstag	♃
Venus	Freitag	♀
Saturn	Samstag	♄
Sonne	Sonntag	☉

Es gibt gute Spezialliteratur zu diesem Thema. Es lohnt sich auf jeden Fall, dieses etwas zu vertiefen. Ein paar wertvolle Literaturtipps finden Sie im Anhang.

Diese Symbole helfen Ihnen auch beim Führen Ihres magischen Tagebuches, damit Sie nicht so viel schreiben müssen. Überhaupt ist die Buchführung über Ihre magischen Aktivitäten ein wichtiger Bestandteil der Arbeit als Hexe. So behalten Sie nicht nur die Übersicht, sondern können mit der Zeit auch Ihre Entwicklung verfolgen und überprüfen, wo Sie ein bisschen einseitig arbeiten oder was Sie generell mal wieder neu machen könnten (zum Beispiel ein Sabbatritual).

Mondin

Die Mondin ist der Frauenplanet schlechthin. Sie ist in unserem Leben für Gefühlsdinge, Inspiration und mediale Fähigkeiten zuständig. Entsprechend ist sie auch dem Element Wasser zugeordnet, ihr Wochentag ist Montag. Die entsprechenden Farben richten sich nach der Phase, in der sich der Mond gerade befindet: weiß für zunehmenden, rot bei Voll- und schwarz bei abnehmendem Mond. Wobei es auch noch eine vierte Phase gibt, den sogenannten Dunkelmond, der nur selten in der Literatur Erwähnung findet, oft wird er umgangssprachlich als Neumond bezeichnet, also die Zeitspanne, in der der Mond nicht sichtbar ist. Diese Zeit steht für starke, transformative Kräfte und bildet damit den energetischen Gegenpol zum Vollmond.

Die Edelsteine des Mondes sind Mondstein und Perle, das Sternzeichen ist der Krebs. Als passende Pflanzen können Sie Lorbeer, Jasmin und Weide verwenden. Mondtiere gibt es viele, besonders sind hier Hase, Eule und Katze zu erwähnen.

Mars

Der Kämpferplanet Mars beherbergt ungeheure Energien, gehen Sie deshalb vorsichtig mit ihm um. Er ist der Planet des Dienstags – sehr passend! (Ich weiß nicht wie es kommt, aber dienstags schrillt mein Telefon am häufigsten).

Man kann sich Marsenergien zunutze machen, wenn man ein schüchterner Mensch ist und zu einem Zeitpunkt über wenig innere Stärke verfügt. Oder wenn man Unterstützung in einem Konflikt benötigt. Aber auch hier gilt: Vorsicht, damit Sie mit den Marsenergien nicht erst so richtig Öl ins Feuer gießen! Konflikte um ihrer selbst willen werden uns nie voranbringen. Sie sind nur ein Stillstand auf einer unangenehmen Stufe, erst ihre konstruktive Lösung bringt wieder Bewegung. Natürlich ist der Mars dem Element Feuer zugeordnet und dem Sternzeichen Widder.

Passende Edelsteine sind Rubin und Granat. Das Tier ist der Feuersalamander, und als Pflanzen entsprechen ihm alle scharfen, feurigen Pflanzen wie Pfeffer, Ingwer oder die Zwiebel.

Merkur

Dieser kommunikative und spielerische Planet ist mittwochs an der Reihe. Er unterstützt die Bereiche Intelligenz, Kreativität, Wissen, Gedächtnis und war früher auch der Schirmherr der Dieberei. Die entsprechenden Elemente sind Luft und Wasser, also die optimale Kombination von Gefühl und Verstand. Ein guter Planet für alle, die in den entsprechenden Berufen arbeiten oder ein bisschen offener und kommunikativer werden wollen. Die zugeordneten Sternzeichen sind Zwillinge und Jungfrau.

Als Edelstein verwendet man den fröhlichen Opal, wenn man Merkurenergien in sein Leben holen möchte. Die entsprechenden Pflanzen sind Sandelholz, Dill oder Fenchel. Nutzen Sie sie ganz praktisch, indem Sie damit würzen oder mit Sandelholz räuchern bzw. ihn als Duft tragen (zum Beispiel zwei bis drei Tropfen des Öls auf einem Schal). Das traditionelle Tier ist der Schakal.

Jupiter

Etwas strenger als der verspielte Merkur kommt der Jupiter daher. Sein Wochentag ist der Donnerstag, und er steht für Macht, Führerschaft, Ehre, Anerkennung, Wohlstand und Erfolg.

Aufgrund dessen ist sein Charakter viel gefestigter als der des kämpferischen Mars oder der gefühlsbetonten Venus. In seiner Würde wird er nur vom Saturn überboten.

Die Elemente des Jupiter sind Feuer und Luft, die Farben sind blau oder grün, auch dadurch wird seine Würde ausgedrückt – im Vergleich zum zornesroten Mars oder dem Merkur, für den alle gemischten Farben stehen.

Die entsprechenden Sternzeichen sind Schütze und Fische. Der Edelstein ist der Amethyst, die Pflanzen sind Muskat, Minze, Klee und Eiche. Als symbolisches Tier ist ihm das Einhorn zugeordnet.

Venus

Sie ist das Prinzip der Liebe, und zwar der grenzenlosen Liebe. Venus steht für platonische Freundschaft genauso wie für Geschwisterliebe oder prickelnden Sex. Außerdem bringt man sie ganz allgemein mit Vergnügen in Verbindung.

Ihr Tag ist der Freitag, benannt nach Freya. Somit ist dies auch der beste Tag, um etwas mit Ihrem Liebsten oder Ihrer Freundin zu unternehmen.

Die Elemente der Venus sind Wasser und Erde, ihre Sternzeichen sind Stier und Waage. Die Farben der Venus sind alle Varianten von rosa und grün, so lange das Grün frisch und hell ist. Der Edelstein ist der Smaragd, ihre Pflanzen sind unter vielen anderen Rose, Holunder und die Olive. Des Weiteren sind auch alle Beeren, wie Erdbeere oder Himbeere, Gewächse der Venus.

Sie hat unzählige ihr geweihte Tiere, am wichtigsten ist hier wohl die Taube. Zum Tier der Venus wurde sie übrigens nicht aufgrund ihrer Friedfertigkeit, wie man denken könnte. Vielmehr fand man sie in der Antike wegen ihres ausgeprägten Geschlechtslebens passend.

Saturn

Er ist oft mit einem negativen Beigeschmack behaftet. Dabei vergessen viele, dass jeder Planet zwei Seiten hat. Er steht lediglich für Dinge, die wir oft nur zu gern aus unserem Leben entfernen würden, weil sie anstrengend sind. Man könnte ihn fast als Planeten der Reifeprüfungen bezeichnen. Er steht für Hindernisse, Tod, Ende, Bindungen, aber auch für Wissen, Zeit und Geschichte.

Der zugehörige Tag ist der Samstag, die entsprechenden Elemente sind Wasser und Erde. Die Farbe des Saturn ist schwarz, dunkelbraun ist aber auch denkbar. Der Edelstein ist der Onyx.

Die zugeordneten Pflanzen sind unter anderem Zypresse, Eisenbaum und Granatapfel. Das Sternzeichen ist der Steinbock, und das symbolische Tier ist die Krähe.

Sonne

Unsere Sonne ist im Gegensatz zum begrenzenden Saturn den meisten Menschen von Natur aus sympathisch. Wer genießt nicht gern ihre wärmenden Strahlen? Doch um das noch mal zu betonen: Alles hat zwei Seiten. Wirkt der vorher genannte Saturn auch durchaus positiv, wenn zum Beispiel endlich ein unangenehmer Nachbar auszieht, so kann auch die Sonne negativ wirken, nicht nur beim Sonnenbrand! In der Magie steht die Sonne jedoch eher für Positives: Heilung, Fortschritt, Erfolg, Freundschaft, Freude und Wohlbefinden.

Der Wochentag ist Sonntag, ihr Element ist das Feuer, und die entsprechenden Farben sind gelb und gold. Das Sonnensternzeichen ist Löwe, der zugeordnete Stein der Topas. Typische Pflanzen sind meist sehr aromatisch und oft (wohl als kollektive Aromatherapie im dunklen Winter) in Adventsgebäck zu finden. So unter anderem Nelken, Zimt oder Safran. Eine weitere Pflanze ist der Lorbeer, der auch die Brücke zum Jupiterprinzip schlagen kann.

Die Mondin

Sie ist wohl der wichtigste Planet für Hexen und alle, die sich mit der Materie befassen. Und das schon seit mehreren Tausend Jahren. Mit den Mondphasen bestimmt sie unsere Rituale, und mittlerweile ist auch weitestgehend akzeptiert, dass der Mondstand Auswirkungen auf unser tägliches Leben hat. Auch wenn allgemein bekannt war, dass der Mond Ebbe und Flut oder bei Vollmond schlechten Schlaf verursacht, so wurde doch das jahrtausendealte Wissen um seine Kräfte vergessen oder als Aberglaube abgetan.

Ich werde hier nicht näher auf den Mond als Unterstützung im Haushalt oder seine Auswirkungen auf den Organismus eingehen. Dazu gibt es genügend informative Literatur. Vielmehr erfahren Sie, wie der Mond (beziehungsweise die Mondin) uns in der Zauberkunst unterstützt, und was es dabei zu beachten gilt.

Abnehmender Mond ☾

In dieser Mondphase werden Dinge abgelegt, aus unserem Leben verwiesen oder verbannt. Falls Sie aus triftigen Gründen trotzdem in dieser Mondphase etwas heranziehen wollen, müssen Sie somit den umgekehrten Weg gehen und das Gegenteil der erwünschten Sache verbannen. Beispielsweise sehnen Sie sich nach nichts so sehr wie nach einem neuen Partner und platzen fast vor Sehnsucht, doch es sind noch fast zwei Wochen, bis der Mond wieder zunimmt. Sie beschließen also, trotzdem nicht untätig zu sein und stellen einen Zauber zusammen, um Ihre Einsamkeit in Bezug auf Männer/Frauen zu verbannen.

Neumond ●

In dieser dunklen Nacht geht man seinen dunklen Wünschen nach. Sagen Sie nicht, dass Sie so etwas nicht hätten! Der Trick, seinen Ärger loszuwerden und trotzdem keine »Quittung« dafür zu bekommen, besteht darin, maßvoll zu bleiben. Niemand hat es verdient, dass er Ihretwegen leidet!

Der Neumond eignet sich also ausgezeichnet für Zauber, mit dem wir etwas an den Absender zurückschicken. Die beste Art der Rache, wie ich finde. So schießt man nie übers Ziel hinaus, kann aber trotzdem sein innerstes Bedürfnis nach einem Ausgleich des Negativen ausleben.

Zunehmender Mond ☽

Bei zunehmendem Mond widmet man sich entsprechend den Dingen, die im eigenen Leben zunehmen sollen. Dies ist die Zeit, in der die Kraft des Mondes wächst und uns so immer stärker unterstützt.

Jetzt ist auch der beste Zeitpunkt, um Liebe, Geld, Gesundheit und Erfolg in unser Leben zu locken.

Vollmond ○

Am Vollmondtag beziehungsweise der Nacht finden die Kräfte, die bis dahin zunahmen, ihren Höhepunkt. Alles, wofür Sie volle Energie brauchen, sollten Sie über mehrere Tage steigern und dann am Vollmondtag beenden, also langsam aufbauen und dann mit voller Kraft abschicken. Bei Vollmond sollte man, wie auch an Neumond, darauf achten, dass man nicht über sein Ziel hinausschießt, denn die Energien können bei falscher Umleitung die verwirrendsten Wege gehen.

Doch nicht nur der zyklische Wechsel des Mondes spielt eine Rolle, auch der Stand im Tierkreis ist für unsere Zwecke von entscheidender Bedeutung.

Der Mond im		hat folgende Wirkung
Widder	♈	marsbetont; gute Zeit, um die Liebe zu festigen oder sich in einer Angelegenheit durchzusetzen
Stier	♉	Venuszeit, um Dinge, die lange andauern sollen, auf den Weg zu

Der Mond im		*hat folgende Wirkung*
		bringen; gut für Freundschaftszauber und alles, was Vergnügen anlocken soll
Zwillinge	♊	merkurisch; Zauber, die mit Arbeit, Ausbildung oder Verträgen zu tun haben; gut, um sich zu verlieben, um Orakel zu befragen und für wichtige Briefe
Krebs	♋	dem Mond zugeordnet; für Gesundheitszauber, für Haus und Heim, um Sinnlichkeit ins Leben zu holen; für alle Arten Zauber, die mit Liebe und Gefühlen zu tun haben
Löwe	♌	sonnengeprägt, um Vorgesetzte zu beeinflussen, Dinge an sich zu binden und für (neue) Vitalität zu sorgen
Jungfrau	♍	merkurisch; Zauber, die mit Kommunikation zu tun haben, Erfolgszauber und gut für Zauber, um die Früchte der eigenen Arbeit zu ernten
Waage	♎	Venus zugeordnet; für Liebeszauber, um Vergnügen, Fröhlichkeit, musische Inspiration und neue Freundschaften herbeizuzaubern
Skorpion	♏	viel Marsenergie; Zauber, die mit Sexualität zu tun haben, für tiefgreifende Wandlungen negativer Energien

Der Mond im		hat folgende Wirkung
Schütze	♐	jupiterbetont; gut für Geldzauber und solche, die mit Geschäften zu tun haben; für Gesundheitszauber und die Partnersuche
Steinbock	♑	saturnisch, um Dinge festzumachen und zur Materialisation von Wünschen
Wassermann	♒	für Liebesmagie; um erfolgreich zu kommunizieren und festgefahrene Dinge zu ändern
Fische	♓	gut, um Talismane anzufertigen; für Bündnisse aller Art; um Verträge zu beeinflussen; auch für romantische Liebeszauber

Metalle

Die verschiedenen Metalle haben jeweils eine ganz spezifische Wirkung. Ich habe hier die sieben wichtigsten Metalle der Magie und ihre Korrespondenzen aufgeführt. Unter Zuhilfenahme der Edelsteine können Sie sich so wirkungsvolle Schmuckstücke zulegen oder sogar anfertigen (lassen).

Außerdem hat jedes Sternzeichen sein Metall, was aber eher informativ zu sehen ist, denn Quecksilber und Blei sind giftig, weshalb man sie nicht verwenden sollte. Auf die mythologischen Bedeutungen der Metalle werde ich hier nur am Rande eingehen. Es gibt andere Bücher zu diesem Thema, ich möchte hier mehr über die »gefühlsmäßige« Ausstrahlung und die magischen Bedeutungen der einzelnen Metalle informieren.

Gold

Für kein anderes Metall wurde in der Geschichte so viel Blut vergossen. Wenn wir an den sogenannten Goldrausch denken, schütteln wir auch heute noch verwundert den Kopf, wie Menschen von solch einem Fieber gepackt werden können. Der Hauptbeweggrund dürfte dabei allerdings nicht in der Liebe zu diesem Geschenk aus dem Schoß der Erde liegen. Vielmehr geht es um Geld, Prestige und Macht. Viele Menschen tragen Goldschmuck schlichtweg, weil er Reichtum symbolisiert.

Aber Gold scheint auch heilsam zu wirken, denn Menschen, die unter Gicht leiden, bleiben oft am Finger des Eherings (der ja traditionell aus Gold besteht) von dieser Krankheit verschont. Gold ist also mehr als ein Schmuckmetall. Was Sie jetzt aber nicht dazu verleiten soll, literweise Danziger Goldwasser zu trinken, denn ob das Ihrer Gesundheit guttut, ist fraglich …

Gold ist das Metall der Sonne und damit des männlichen Prinzips. Es ist ein göttliches Metall, das Gesundheit und inneres Licht schenken kann. Ein Stück irdische Sonne sozusagen. Passenderweise ist es dem Sternzeichen Löwe zugeordnet. Falls Ihnen die männlich-kraftvolle Zuordnung des Goldes fremd vorkommt, hier die Erklärung: »Die« Sonne ist ein deutsches Phänomen, da sie fast nur in der deutschen Sprache weiblichen Geschlechts ist. Und es ist tatsächlich wenig Weibliches an der Sonne, verglichen zum Beispiel mit dem 28-Tage-Zyklus des Mondes. Dies ist einer der

Gründe, warum der Mond das weibliche Prinzip verkörpert.

Wenn wir gerade beim Sprachgebrauch sind, hier ein paar goldene Assoziationen: ein goldiges Kind, ein goldener Herbst, die goldenen 20er-Jahre, Hände aus Gold haben … Immer geht es um Dinge, die besonders angenehm und lobenswert sind.

Die Alchemisten versuchten aus Mischungen verschiedener Substanzen Gold zu gewinnen. Gold also als Ausdruck für das Höchste, das Erstrebenswerteste, für inneren und äußeren Reichtum. Auch für psychische Belange ist Gold beziehungsweise die verwandte Farbe Gelb sehr zu empfehlen, besonders im Winter, wenn uns unsere goldene Sonne fehlt.

Silber

Silber ist mystisch und magisch zugleich. Es ist das Metall von Mond und Venus – ein »gefühlvolles« Metall. Daher auch die Zuordnung zum Sternzeichen Krebs. Wenn man einen Silberring, in den ein Smaragd gefasst ist, trägt, kann man seine große Liebe praktisch nicht mehr verfehlen, so will es zumindest eine alte Tradition. Und auch für Schutzbelange ist Silberschmuck sehr zu empfehlen. Er öffnet die Sinne und lässt uns wichtige Kleinigkeiten eher wahrnehmen.

Silber ist auch ein beliebtes Material für Ritualgegenstände, zum Beispiel für den Kelch. Es ist zwar nicht unbedingt preiswert und muss auch öfter mal geputzt werden, aber seine positiven Eigenschaften machen den Aufwand allemal wett.

Sie müssen übrigens kein teures Silberputzmittel kaufen, das eventuell noch giftig ist. Legen Sie die zu putzenden Gegenstände einfach in Obstessig ein. Die Essigsäure frisst das dunkle Silberoxid weg, und zum Vorschein kommt das blanke Silber, das nicht von der Säure angegriffen wird. Außerdem können Sie dabei gleich noch die positive Eigenschaft des Obstessigs, von negativen Schwingungen zu befreien, nutzen.

Eisen

Eisen ist dem Mars zugeordnet. Kein Wunder, wurde es doch von alters her zur Waffenherstellung genutzt. Daher ist es auch im magischen Sinne ein Waffenmetall. Besonders häufig trifft man es als Eisenpentagramm an, welches vor Albträumen und schlechten Einflüssen schützen soll.

Es ist das Metall der Sternzeichen Widder und Skorpion. Alles in allem ein sehr hartes Metall, das kämpferisch macht. Tragen Sie ein Stückchen davon oder einen Ring daraus, wenn Sie die entsprechende Unterstützung brauchen. Sie werden verblüfft sein, wie selbstbewusst Sie sich fühlen. Falls Sie jedoch von Natur aus eher reizbar oder cholerisch sind, verwenden Sie lieber Silber oder das nächste Metall, das ich Ihnen vorstelle.

Kupfer

Das Liebesmetall schlechthin. Alle Gegenstände für ein Liebesritual sollten daraus bestehen (na ja, zumindest ein kleiner Kupfergegenstand ist Pflicht).

Es ist das Metall der Venus, daher empfiehlt sich auch ein wenig Kupferschmuck für Menschen, die auf der Suche nach einem Partner sind. Es ist das Metall von Stier und Waage, voll positiver Liebesenergie.

Quecksilber

Dieses Metall sollten Sie natürlich nicht nutzen, denn diese faszinierende Substanz ist hochgiftig. Ich erwähne es nur, weil es einen symbolischen Wert hat. Es wurde dem Planeten Merkur zugeordnet, dem Prinzip der Kommunikation und der Gewitztheit. Die entsprechenden Sternzeichen sind Zwillinge und Jungfrau.

Zinn

Zinnsoldaten und oftmals recht grobe Verzierungen an Gläsern und Bierhumpen, das sind die bekanntesten Anwendungen dieses Metalls. Doch es ist bei Weitem mehr. Es ist dem Jupiter zugeordnet, und damit ist es das optimale Metall für Geschäftsleute, Menschen, die mit Geld zu tun haben, und solche, die sich ein bisschen mehr davon wünschen. Die entsprechenden Sternzeichen sind Fische und Schütze.

Blei

Es ist dem Saturn zugeordnet und entsprechend günstig für Dinge, die lange dauern und Durchhaltevermögen erfordern. Die Sternzeichen sind Wassermann und Steinbock. Dieses Metall ist aber auch eher aus symbolischen Gründen hier aufgeführt, da es schädliche Auswirkungen auf unseren Organismus hat: Auch Blei ist giftig.

Edelsteine

Erstaunlich, aber wahr: Viele Menschen, die die Wirksamkeit von Edelsteinen für Humbug halten, tragen trotzdem einen solchen edlen Stein am Schlüsselbund, und einige wissen mitunter sogar, welcher Stein für ihr Sternzeichen empfohlen wird.

Falls auch Sie nicht genau wissen, was Sie davon halten sollen, versichere ich Ihnen, dass das nichts macht. Steine sind reine Gefühlssache, man braucht seine Zeit, um sich mit dieser Thematik vertraut zu machen. Ich will da niemanden bekehren.

Vielleicht liegen Ihnen Steine einfach nicht. Vielleicht haben Sie es noch nie versucht, mit dieser sanften Energieform positive Schwingungen in Ihr Leben zu holen. Wenn dem so ist, rate ich Ihnen, auf einem entspannten Stadtbummel mal in ein Geschäft, das Edelsteine führt, hineinzuschauen. Gucken Sie die Steine nicht bloß an, fühlen Sie sie! Schauen Sie, wie schön und hübsch sie sind, und nehmen Sie die, die Ihnen gefallen, mal in die Hand.

Achten Sie darauf, welcher Stein Ihnen spontan gefällt! Wenn Ihnen die Horoskoptabelle einen Stein »verordnet«, der Ihnen nicht zusagt, sollten Sie die Finger davon lassen. Es wird schon seine Gründe haben, dass Sie ihn nicht mögen. Sie müssen sich auch nicht immer haarklein an die Anwendungsempfehlungen halten. Manchmal weiß man intuitiv, was richtig ist. Und im Zweifelsfalle ist es immer besser, auf die innere Stimme zu hören.

Was aber tun, wenn die schweigt? Dafür habe ich Ihnen ein paar Informationen über besonders häufig verwendete Steine zusammengestellt. Doch zuvor noch ein paar Worte dazu, wie man mit einem Stein umgeht. Als Erstes sollten Sie sich mit dem Gedanken anfreunden, dass er lebt. Was für die Naturvölker eine überflüssige Feststellung wäre, ist hierzulande kaum noch verbreitet. Die alten Geschichten sind oft verloren gegangen oder verfälscht, die Geschichten von Gnomen, Trollen und Zwergen, den Hütern der Schätze der Erde.

Natürlich hat ein Stein keinen Stoffwechsel – jedenfalls keinen, den wir kennen würden – oder Ähnliches, doch auch er hat ein Wesen, das wir respektieren sollten. Wenn möglich, sollten Sie ein paar Ihrer Steine immer bei sich tragen und öfter mal in die Hand nehmen. Legen Sie sie in die Sonne oder auf die Erde, Steine mögen das! Genauso ist eine Reinigung mit Salzwasser von Zeit zu Zeit empfehlenswert.

Reden Sie mit Ihren Steinen. Erzählen Sie ihnen von Ihrem Tag, was Sie so gemacht haben. Ich weiß, so etwas muss auf uns »zivilisierte« Menschen fremdartig wirken. Sie können ja auch nur flüstern. So etwas ist halt privat. Schade, dass man aufgrund der gesellschaftlichen Zwänge immer ein Stück weit im Verborgenen leben muss. Aber lassen Sie sich nicht beirren. Hören Sie auf Ihr Gefühl. Als Anregung mögen die folgenden Informationen dienen.

Die Tierkreissteine

Widder	21.03. bis 20.04.	Roter Jaspis
Stier	21.04. bis 20.05.	Rosenquarz
Zwillinge	21.05. bis 20.06.	Tigerauge
Krebs	21.06. bis 20.07.	Mondstein
Löwe	21.07. bis 22.08.	Bergkristall
Jungfrau	23.08. bis 22.09.	Citrin
Waage	23.09. bis 22.10.	Rauchquarz
Skorpion	23.10. bis 22.11.	Roter Karneol
Schütze	23.11. bis 21.12.	Blauquarz
Steinbock	22.12. bis 20.01.	Onyx
Wassermann	21.01. bis 18.02.	Türkis
Fische	19.02. bis 20.03.	Amethyst

Die Planetensteine

Mond	Mondstein, Quarz, Bergkristall, Perle
Mars	Granat, Rubin, Blutstein
Merkur	Topas, Opal, Achat
Jupiter	Amethyst, Saphir, Lapislazuli, Türkis
Venus	Bernstein, Hyazinth, Smaragd
Saturn	Onyx, Aquamarin
Sonne	Topas, Diamant, Chrysoberyll

Die Steine der Monate

Januar	Rosenquarz	Juli	Rubin
Februar	Amethyst	August	Peridot
März	Aquamarin	September	Lapislazuli
April	Bergkristall	Oktober	Opal
Mai	Smaragd	November	Tigerauge
Juni	Perle	Dezember	Türkis

Im Folgenden stelle ich Ihnen nun einige beliebte Steine vor. Man benutzt sie traditionell nicht nur gegen das ein oder andere Unwohlsein, sondern auch für Liebe, Wohlbefinden und um einen klaren Kopf zu bewahren. Ich habe in das überlieferte Wissen meine eigenen Erfahrungen mit eingebracht, damit Sie sehen, wie

Steine ganz natürliche Bestandteile des Alltags werden können.

Achat

Er ist dem Planeten Merkur zugeordnet und dabei ein Symbol für Reichtum und ein langes Leben. Er verstärkt die Kraft anderer Steine und wird gern in Meditationen eingesetzt. Große Beliebtheit erlangte er als Schutzamulett und als Stein, um das Glück anzuziehen.

Er funktioniert in der Tat wunderbar! Doch seien Sie vorsichtig mit allzu farbigen und bunten Varianten, wie zum Beispiel pink oder türkis. Dabei handelt es sich um von Hand eingefärbte Steine, und diese sind nicht mehr für unsere magischen Zwecke zu empfehlen. Als Schmuck für die Wohnung sind sie aber trotzdem noch geeignet.

Amethyst

Aufgrund seiner violett-weißlichen Farbe wird der Amethyst traditionell der Spiritualität zugeordnet. So hilft dieser Stein auch sehr gut bei seelischen Belangen. Er ist gut für Menschen, die ihren inneren Frieden suchen, hilft bei Angst und Unruhezuständen sowie bei Schlafstörungen (unter das Kopfkissen legen). Früher war er ein geschätztes Mittel, das gegen Trunkenheit und Vergiftungen pulverisiert verabreicht wurde.

Der Amethyst ist übrigens dem Jupiter zugeordnet. In der Liebesmagie verschenkt man an seinen Partner einen herzförmigen Amethyst, um die Beziehung liebevoll und dauerhaft zu halten.

Aquamarin

Wie der Name schon vermuten lässt, ist dieser Stein dem Wasserelement zugeordnet. Er schützt bei Reisen auf dem Wasser und war früher ein Symbol treuer Liebe. Wunderbar auch für einen freien Kopf anzuwenden, wenn man von seinen Gefühlen überrannt zu werden droht.

Bergkristall

Dieser reine, klare Stein repräsentiert die Kräfte der Erde und des Mondes. Von jeher ist er ein Symbol für Reinheit und Wahrheit. Ob in jedem Fall Wahres aus den berühmten Kristallkugeln gelesen wurde, ist allerdings fraglich … Fest steht jedenfalls, dass er einer der mächtigsten Schutzsteine ist und die Laune verbessern kann.

Bernstein

Dieser unglaublich vielfältige Stein ist ein fossiles Harz. Er ist dem Planeten Venus gewidmet und entsprechend für Liebesdinge geeignet. Auf sanfte Weise gibt er beständig Kraft ab und saugt negative Energien auf. Er bringt die Seele wieder in Ausgleich wie kaum ein anderer Stein. Früher (und wie ich letztens sah, auch heute wieder) wurde er kleinen Kindern umgehängt, um das Zahnen zu erleichtern und sie zu schützen.

Diamant

Dieser unbezwingbar harte Stein ist eine echte Kostbarkeit. Und das in zweierlei Hinsicht. Die Anschaffung ist hier immer eine Frage der Finanzen, aber dafür ist die Wirksamkeit auch enorm. Das gilt zum Glück für einen Splitter genauso wie für einen Ganzkaräter.

Der Diamant hilft schlicht und einfach bei allem. Seine Reinheit und Härte stehen für zahlreiche erstrebenswerte Tugenden des Menschen. Wenn es Ihnen möglich ist, leisten Sie sich zumindest ein Splitterchen davon, es wird Ihnen rundherum guttun. In Anbetracht der Tatsache, dass die Förderung von Diamanten ein ziemlich dunkles Kapitel ist, sollte man ohnehin abwägen, ob es nicht auch ein altes Schmuckstück beispielsweise aus einem Antiquitätenladen sein kann, für das keine neuen Steine aus der Erde geholt werden mussten.

Gefundene Steine

Ja, Sie lesen richtig. Auch der lieb gewonnene Kiesel aus dem Strandurlaub, der nun auf der Fensterbank liegt, kann eine positive Wirkung haben. Wahrscheinlich wissen Sie nur eines über ihn, nämlich dass er hübsch ist. Aus irgendeinem Grund wollte er in Ihre Tasche. Über diesen Grund weiterzugrübeln wäre müßig. Behandeln Sie ihn einfach wie alle anderen Steine auch, er ist ihnen absolut gleichwertig, denn es ist nicht der Preis, der einem Stein die Wirksamkeit verleiht.

Granat

Dieser Stein hat zweifelsohne seine Zuordnung zum Planeten Mars verdient. Er regt den Kreislauf an und hilft bei Kopfschmerzen, zieht den Seelengefährten und gleichermaßen die sexuelle Liebe an. Überhaupt fördert dieser Stein die Sexualität. Unter das Kopfkissen gelegt, hilft er gegen Albträume. Um einen Geliebten anzuziehen, trägt man einen herzförmigen Granatanhänger an der Kette und ölt ihn jeden Freitag mit Rosenöl (alternativ: Palmarosa oder Geranium) ein.

Jade

Jade ist ein sehr positiver Stein, der Ruhe und Weisheit verkörpert. Er verlängert das Leben und schenkt an dessen Ende einen leichten Tod.

Um Liebe anzuziehen, trägt man einen kleinen Schmetterling aus Jade bei sich – eine uralte Tradition, die es auf vielen Erdteilen gibt. Auch bei Nierenproblemen soll dieser Stein wenigstens Erleichterung schaffen können.

Koralle

Ein wundervoller Schutzstein beziehungsweise eine Schutzranke. Korallen werden von alters her in der Volksmagie verwendet, um den bösen Blick und alle Arten destruktiver Kräfte und schwarzer Magie abzuwenden. Daher sind auch dem Anwendungsplatz keine Grenzen gesetzt. Als Schmuck, im Auto, in der Wohnung oder im

Büro – eine kleine Koralle bei sich zu haben, ist immer eine gute Idee.

Lapislazuli

Wenn im Leben nichts so richtig rund läuft, man sich abgeschlagen und ausgebrannt fühlt, ist dies der richtige Stein! Denn der Lapislazuli ist mit Fug und Recht der Stein der Gesundheit sowie der Stein der Fröhlichkeit. Außerdem ist er gut für die Liebe in Ritualen und schenkt auch ganz allgemein neue Energie.

Malachit

Dieser Stein wurde im Altertum nicht nur als Schmuck, sondern auch zerrieben als Schminke sehr geschätzt. Er hilft gegen böse Träume und auch wenn man das Gefühl hat, verhext worden zu sein. Des Weiteren werden ihm hilfreiche Kräfte bei der Geburt nachgesagt. Der Malachit hat viel Energie und kann in schwierigen Phasen im besten Sinne des Wortes zum Stein des Anstoßes werden.

Mondstein

Der Name sagt ganz klar, wem dieser Stein zugeordnet ist, und er entfaltet seine Kräfte am stärksten bei Vollmond. Er hilft nicht nur gegen Nervosität, sondern ist auch ein echter Frauenstein. Wenn Sie während der Periode körperliche oder seelische Probleme haben, probieren Sie es mal mit diesem Stein. Und wenn man einen Silberring, in den ein Mondstein gefasst ist, trägt, soll man damit Menschen derselben Wellenlänge anziehen können.

Onyx

Dieser Stein ist dem Planeten Saturn zugeordnet und schon immer ein Stein der Magie. Er bewahrt vor Gefahren, schwarzer Magie und Unfällen, gibt Mut und Kraft. Auch zur friedlichen Lösung von Liebesstreitereien und bei Wetterfühligkeit kann man ihn einsetzen. Nur verschenken sollte man ihn nicht, da man ihm bis heute nachsagt, dass man damit auch die Freundschaft verschenkt. Wobei er natürlich manchmal auch gezielt verschenkt wurde, um jemanden loszuwerden, mit dem man sich nicht grün war.

Opal

Der schillernde Opal ist dem Merkur zugeordnet. Er steht für Hoffnung und Zusammenhalt, wirkt beruhigend auf die Seele und stärkt die medialen Fähigkeiten. Im Mittelalter wurde er in Europa eher negativ gesehen, da sein schillerndes Funkeln der asketischen Weltsicht der Kirche widersprach. Aber heute ist das natürlich anders und das alte Wissen drängt wieder an die Oberfläche. Und so benutzen wir ihn wieder für günstige Umstände, schnelle Heilung und ein gutes Gedächtnis. Alles in allem ein guter Stein bei festgefahrenen Situationen und um die Lebenslust zu heben.

Perle

Die Perlen sind dem Mond und seinen Gottheiten zugeordnet. Sie stärken die Lebenskraft und wirken dadurch
positiv auf Heilungsverläufe. Auch schützen sie vor negativen Schwingungen und werden sehr gern für Lie-
beszaubereien verwendet. Perlen sind zudem große Hel-
ferinnen beim Überwinden von Krisen und schweren
Zeiten. So, wie die Muschel einen unangenehmen Ein-
dringling (das Körnchen, das die Basis für die Perle bildet) mit wunderschönem Perlmutt überzieht, lernt man
durch die Kraft der Perlen, sein Schicksal anzunehmen
und so zu verwandeln, dass Wohlbefinden und Freude
Einzug halten können.

Rubin

Der Rubin ist sehr kraftvoll und mächtig. Er wird vom
Mars regiert und hilft bei trüber Stimmung und Antriebs-
losigkeit wie sonst kaum ein Stein. Denn er schenkt
Kraft und reinigt die Gedanken. Auch für die Liebe ist
er wirkungsvoll, besonders für deren erotische Aspekte.
Rubine haben auch die Fähigkeit, den Menschen tem-
peramentvoll und doch überlegt zu machen. Wen wun-
dert es da, dass es früher ein beliebter Stein bei Herr-
schern war.

Rosenquarz

Der sanfte Rosenquarz ist ein mächtiger Schutzstein, so zart er auf den ersten Blick wirken mag, seine ausdauernde Energie hat es in sich. Er gibt seelische Harmonie und fördert die Heilung von Krankheiten, auch von gebrochenen Herzen! Ein Rosenquarz ist auch ein guter Schutzstein für die Wohnung, denn er fördert den liebevollen Umgang miteinander und das Vertrauen.

Saphir

Der Saphir ist dem Planeten Jupiter zugeordnet und chemisch gesehen die blaue Ausgabe des Rubin. Er ist der Stein der spirituellen Weisheit und der Erleuchtung. Man kann ihn gegen alle Arten von Schlechtigkeiten einsetzen. Er bringt seinem Träger Glück und innere Zufriedenheit.

Smaragd

Dieser mächtige Stein ist der Venus zugeordnet und entsprechend wirksam für Liebeszauber. Doch nicht nur das. Aufgrund seiner grünen Farbe steht er für Vitalität, Hoffnung und Fruchtbarkeit. Er ist ein guter Begleiter für kranke Menschen, da er sie stärkt und ihre Heilung beschleunigt.

Tigerauge

Dieser faszinierend schimmernde Stein schenkt Macht und fördert die seherischen Fähigkeiten. Er ist der Sonne zugeordnet und gibt daher Kraft und Zuversicht. Schon allein der schönen Färbung wegen lohnt der Kauf – und sicherlich auch, weil sich das Tigerauge auf die finanziellen Belange positiv auswirkt.

Topas

Der Topas ist ein echter Energiestein! Der Sonne zugeordnet vertreibt er alles Unheil und schützt gegen Angriffe, auch magische. Er verleiht seinem Träger Mut und schenkt einen wachen Intellekt. Ein guter Stein für aktive Menschen.

Türkis

Dieser Stein wurde überall, wo er verbreitet war, als heilig angesehen.

Traditionell bringt er Glück für Ross und Reiter. Man kann ihn zur Wunscherfüllung benutzen und um Glück ins Haus zu ziehen. Er schützt vor allen negativen Gefühlen und besänftigt sie. Besonders wer unter negativen Einflüssen von Mitmenschen zu leiden hat, sollte sich einen Türkis beziehungsweise echten Türkisschmuck zulegen.

Magische Pflanzen

Nun möchte ich Ihnen einen vielleicht entscheidenden Punkt im Hexenwissen nahebringen. Kräuter werden schon seit Jahrtausenden genutzt, um mit ihnen zu heilen, zu zaubern oder sich an ihrem Aroma zu erfreuen. Ich zeige Ihnen hier die magische Wirkung und etwas zur praktischen Verwendung der Kräuter auf. Sicher werden Sie die eine oder andere Pflanze vermissen. Ich musste eine Auswahl treffen, schließlich gibt es sehr viele Gewächse!

Dies ist auch eine kleine Aufforderung, sich selbst mit dem Thema auseinanderzusetzen. Aber bitte nicht nur in der Theorie, so informativ viele der Bücher dazu auch sein mögen. Sie sollten Ihren eigenen Riecher nicht vernachlässigen. Und das ist durchaus wörtlich gemeint. Gehen Sie auf den Stadt- oder Wochenmarkt, in den Wald, zum nächsten Kräuterladen … Studieren Sie die Welt der Kräuter völlig unvoreingenommen, schnuppern Sie einfach hinein, genießen Sie die Sinnesfülle. Es ist durchaus empfehlenswert, aus diesem Grund einmal

Urlaub in einem südlichen Land zu machen (falls Sie es sonst nicht tun), um auf den Basaren nach Kräutern und Gewürzen Ausschau zu halten. Ich war einmal in Israel, als es noch etwas friedlicher war, und die Auswahl an hierzulande raren Gewächsen war auf den arabischen Basaren wirklich enorm.

Hier nun die Pflanzen. Sie werden überrascht sein, wie viel Magie in Ihrem Küchenschrank steckt!

Alraune

Die Alraune ist eine uralte Zauberpflanze, wobei nur ihre Wurzel Verwendung findet. Man unterscheidet zwischen männlicher (nur ein Wurzelstrunk) und weiblicher Wurzel (Wurzel ist geteilt). Sie ist dem Prinzip des Merkur zugeordnet und wird in der Magie auf so vielfältige Weise genutzt, dass ich kaum weiß, wo ich anfangen soll. Vorab eine Warnung: In manchen esoterischen Büchern wird die Alraune als Aphrodisiakum gepriesen. Das halte ich für unverantwortlich, denn Alraune ist hochgiftig. Sie sollten sich sogar nach jedem Kontakt mit der Wurzel die Hände waschen. Doch nichtsdestotrotz lohnt die Anschaffung.

Man kann mit Alraune Geld anziehen, mächtige Schutzzauber wirken, Geister anrufen und Zauber aufheben. Sie wird oft als die mächtigste magische Pflanze angesehen. Für Beschwörungen, besonders im Bereich Liebeszauber, ist die Alraune sehr geeignet. Auch bei Gesundheitszaubern ist sie sehr nützlich, aber – wie gesagt – nur auf den Wegen der Projektion!

Angelika

Diese Pflanze ist auch unter dem Namen Engelwurz bekannt und dient vor allem dazu, positive Energien ins Heim zu holen. Dazu streut man sie in die Ecken eines Zimmers. Aber man kann auch Zauber mit ihr aufheben. In der Kräuterheilkunde wird Angelika bei Verdauungsbeschwerden, Bronchialleiden sowie als Bluttonikum eingesetzt. Sie ist zudem eine der besten Pflanzen, um schützende Zauberbeutelchen für Kinder anzufertigen.

Baldrian

Baldrian ist bei uns vor allem als Nervenpflanze bekannt. Er wirkt beruhigend, blutdrucksenkend, hilft bei leichten Schmerzen und wird bei Angst und Schlaflosigkeit eingesetzt. In der Magie ist er Venus und Mars zugleich zugeordnet. Sein Hauptplanet dürfte aber der gewitzte Merkur sein. Der Geruch von Baldrian ist würzig und für manche gewöhnungsbedürftig, aber seine Wirkung macht das mehr als wett. Katzen finden diesen Duft übrigens unwiderstehlich, sodass man Baldrian außerhalb ihrer Reichweite aufbewahren sollte, wenn man sie nicht völlig berauscht auf einer lustvoll zerfetzten Kräutertüte wieder finden möchte.

Mit Baldrian kann man Liebeszauber wirken, er hilft in Geldangelegenheiten, beruflichen Fragen und schenkt Inspiration. Er wirkt auch positiv auf die allgemeine Gesundheit und wird auch für Potenz- beziehungsweise Fruchtbarkeitszauber eingesetzt. Auch hat er die Fähigkeit Dinge aufzuheben, zum Beispiel negative Zauber oder Einflüsse.

Beifuß

Beifuß ist eine Mond- und Merkurpflanze. Man bringt ihn mit Schutzzauber, Mondmagie, Wahrsagen und medialen Angelegenheiten in Verbindung. Aber auch für Freundschaftsmagie wird er eingesetzt. In der Naturheilkunde wird er als anregend wirkendes Nervenmittel verwandt, ebenso bei Regelschmerzen. Mit Beifußrauch kann man unangenehme Schwingungen vertreiben und gute Geister anlocken.

Bergamotte

Von dieser Pflanze wird zumeist das ätherische Öl verwendet. Es ist frisch und würzig und eignet sich hervorragend bei Kopfschmerzen oder seelischen Verstimmungen. In der Magie benutzt man Bergamotte, um Geld anzuziehen, und als wichtige Schutzpflanze. Auch für Erfolgszauber beziehungsweise alles, dessen Gelingen man unterstützen will, sollte man sie als Zutat beigeben.

Damiana

Diese Pflanze ist eines der wirksamsten Aphrodisiaka, die es gibt. Folglich wird sie in vielen Liebeszaubern oder auch ganz real als Tee, alkoholischer Auszug oder geraucht verwendet, um das Liebesleben zu inspirieren. Damiana wird auch gegen Depressionen und allgemein als Nervenkraut empfohlen.

Eiche

Die Eiche ist mit Blättern und Rinde ein altes Fruchtbarkeitsgewächs, wobei sie für Männlichkeit steht (ihr weibliches Gegenstück ist die Rosskastanie). Dadurch bieten sich Liebeszauber mit beiden Pflanzen in Kombination geradezu an. Die Blätter der Eiche werden aber auch für Geldzauber verwendet und eine Räucherung mit Eichenrinde hilft ausgezeichnet, sich zu entspannen und zu erden.

Eisenkraut

Hier treffen wir wieder einmal auf eine der »großen« Pflanzen der Magie. Eisenkraut wird dem Element Luft sowie dem Planeten Merkur zugeordnet und in Magie wie Kräuterheilkunde gleichermaßen geschätzt. Eisenkraut eignet sich als Schutz. So kann man einige Stunden vor einem Ritual ein kleines Häufchen davon in Wasser einlegen und dieses Wasser dann in dem Raum versprengen, in dem das Ritual stattfinden soll.

Es ist für Liebesmagie sehr geeignet, um die Wirkung anderer Kräuter zu verstärken aber auch, um frühere Zauber aufzuheben. Man benutzt es für spirituelle Heilung, Erfolgsmagie und Wunschzauber. Die Naturmedizin setzt es als sanft entspannendes Nervenmittel bei Überarbeitung, Schlaflosigkeit, Depression und wegen seiner leicht entkrampfenden Wirkung ein.

Fenchel

Fenchel hat ein wunderbares Aroma, das die Pflanze für Liebeszauber und spirituelle Heilung so geeignet macht. Es ist eine Merkurpflanze, mit der man auch Zauber aufheben kann. Die Samen werden in Schutzzaubern benutzt. Heilend wirkt Fenchel bei Zahnfleischproblemen und Harnwegsleiden, sowie bei kleinen Kindern gegen Blähungen und bei Müttern, um den Milchfluss anzuregen.

Frauenmantel

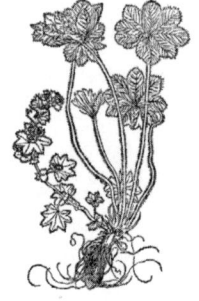

In der Magie trifft man Frauenmantel nur vereinzelt für Liebeszauber an. Wichtiger ist seine heilende Seite, denn er wirkt schneller und unschädlicher als jede Schmerztablette gegen Regelschmerzen und verhilft auch dem weiblichen Hormonhaushalt zu Regelmäßigkeit. Er hilft bei Durchfall, nässenden Ekzemen und tut bei Halsschmerzen gut.

Helmkraut

Helmkraut dient in der Magie Zaubern, die zur Förderung der Kreativität eingesetzt werden. In der Kräutermedizin benutzt man es bei Reizbarkeit, Nervosität, Schlaflosigkeit und Depressionen.

Ingwer

Ingwer benutzt man in Salben, um die Leidenschaft anzuregen (bloß nicht zu hoch dosieren!), um Zauber aufzuheben, Mondmagie zu betreiben und Geldzauber zu wirken. Er wirkt heilend bei Erkältungen, stimuliert den Kreislauf und hilft gut bei Periodenkrämpfen. Man kann ihn auch gegen Reisekrankheit und bei Übelkeit verwenden, doch auch hier gilt: Nicht zu hoch dosieren, er hat von Haus aus viel Kraft!

Johanniskraut

Dieses Sonnenkraut nutzt man in der Magie hauptsächlich für Geldzauber, um zu bannen und wahrzusagen. Außerdem kann man es für Termine vor Gericht verwenden, denn es ist eine sehr wirksame Schutzpflanze. Hängen Sie einen Zweig davon über Ihre Wohnungstür! Johanniskraut ist eine der wenigen Pflanzen, für die es in der Volksmagie absolut keine negative Verwendung gibt, was umgekehrt bedeutet, dass es so viel Licht in sich hat, dass es nur positiv wirken kann.

Im Bereich der Naturmedizin ist es vielen gegen seelische Verstimmungen geläufig, wobei man erste Erfolge nach etwa zwei Wochen verspürt. Das Öl hilft auch gegen kleine Verbrennungen. Wobei man Öle heutzutage nicht mehr unbedingt für Verbrennungen empfiehlt, es sollten nur ganz leichte, rote Flecken sein, alles andere sollte sich ein Arzt ansehen.

Kamille

Unter all den chemischen Medikamenten und exotischen Neuentdeckungen scheint die altbewährte Kamille zum Mauerblümchen geworden zu sein. Dabei ist sie sehr vielfältig und hochwirksam anwendbar, zum Beispiel bei Verdauungsbeschwerden, Schlaflosigkeit, Stress, Insektenstichen, Augenentzündungen (obwohl ich hier lieber vorher einen Arzt befragen würde) oder als Spülung gegen Schuppen. Dampfbäder mit Kamille rund um den Unterleib können bei vaginalem Pilzbefall eine große Linderung sein. Die Liste ließe sich beliebig lang fortsetzen.

Stöbern Sie doch mal in Omas alten Büchern mit Hausrezepten. Manchmal fragt man sich da wirklich, wozu man gegen jede Kleinigkeit etwas aus der Apotheke braucht. Wobei diese natürlich ihre Berechtigung hat. Und oft kann auch nur ein Arzt herausfinden, was einem wirklich fehlt. Ich halte jedenfalls nichts von angeblichen Wunderrezepten, wie Erdbeeren gegen Krebs.

In der Magie ist die Kamille der Sonne zugeordnet und wird für Glücks- und Geldzauber verwendet.

Katzenminze

Haben Sie eine Katze? Dann sollten Sie ihr unbedingt mal dieses Kraut unter die Nase halten. Es gibt auch Katzenspielzeug damit, oft unter dem Namen »Cat Nip«. Bei manchen Katzen, zum Beispiel bei meiner, funktioniert das allerdings nicht. Aber wenn Sie mit Ihrer Katze mehr Glück haben, dann wissen Sie, warum dieses Kraut so heißt. In der Magie wird diese Pflanze für Fruchtbarkeit und Potenz verwendet oder um einen Gesundheitszauber zu wirken. Die Naturmedizin nutzt sie, um Fieber zu senken, gegen Erkältungen und Krämpfe.

Knoblauch

Knoblauch wirkt nicht nur gegen Vampire! Er wird in der Magie allgemein zum Bannen negativer Einflüsse, böser Geister oder unangenehmer Zeitgenossen verwendet. Außerdem ist er ein altes Mittel in der Gesundheitsmagie, aber auch hier soll ja ein negativer Einfluss in Form einer Krankheit verscheucht werden.

Er ist dem Planeten Mars und dem Element Feuer unterstellt. Knoblauch nutzt einem nicht nur zum Bannen, sondern auch zur Reinigung und für Geldzaubereien. Seine Wirkung in der Naturmedizin ist recht vielfältig. Er ist auf jeden Fall antibiotisch, hilft bei Akne, Warzen, Verdauungsproblemen und um das Immunsystem zu stärken. Getrocknetes Knoblauchpulver wird gern zur natürlichen Flohbekämpfung bei Haustieren ins Fell gerieben, was freilich etwas gewöhnungsbedürftig ist.

Kümmel

Kümmel ist dem Planeten Merkur zugehörig und wirkt entsprechend positiv auf alle Zauber, die dazu dienen sollen, irgendeine Form von Kommunikation zu verbessern. Auch für Gesundheitszauber wird er gern verwandt. Im heilenden Sinne hilft er gegen Durchfall und Übelkeit.

Lavendel

Lavendel ist zwar dem Merkur zugeordnet, doch spielt er seine Hauptrolle im Bereich der Liebesmagie. Man kann mit seinem Öl Kerzen für einen Liebeszauber behandeln, mit den Blüten Liebeskissen füllen oder einem Liebesbrief zu mehr Erfolg verhelfen, wenn man ihn damit einreibt.

Lavendel schenkt Inspiration und Erfolg und ist somit auch für die Themen Lernen, Prüfungen oder Vorträge und so weiter geeignet. Hier kommt dann der Merkuraspekt zum Tragen. Außerdem ist Lavendel der Phase des Vollmonds zugeordnet. Das ätherische Öl verwendet man bei Kopfschmerzen, depressiven Verstimmungen und Insektenstichen. In einem Säckchen in den Kleiderschrank gehängt, ist es ein altes, zuverlässiges Mittel gegen Motten.

Lorbeer

Lorbeer ist Sonne und Mond zugeordnet und eine stark reinigende Pflanze, die Schutz und Heilungszauber fördert. Außerdem wirken diese sprichwörtlichen Blätter des Erfolgs auch bei Liebeszaubern, Geldmagie, zur Inspiration und in beruflichen Problemfällen aller Art.

Patchouli

Dieser erdenschwere Duft ist ein ausgezeichnetes Mittel für Liebeszauber und Sinnlichkeit im Allgemeinen. Es zieht auch gute Geister an und hilft bei depressiven Stimmungen, da es beruhigend und stärkend wirkt. Außerdem ist es nicht nur in Indien, wo es zumeist gewonnen wird, ein geschätztes Aphrodisiakum.

Pfeffer

Diese Pflanze benutzt man immer, wenn man einem Ritual eine Extraportion Energie hinzufügen will. Aber bitte nicht übertreiben! Dem Element Feuer und dem Planeten Mars geweiht, ist er eine sehr »explosive« Pflanze.

Ringelblume

Dieses wunderbare Pflänzchen ist der Sonne zugeordnet und dient auf dem magischen Gebiet der übersinnlichen Entwicklung. Außerdem ist die Ringelblume auch für alle Dinge, die eine Extraportion Freude gebrauchen können, geeignet. In der Kräuterheilkunde hilft sie bei Hautleiden, da ihre Wirkstoffe wundheilend und pilztötend sind. Ringelblume hilft auch bei schmerzhafter oder unregelmäßiger Periode.

Rose

Sie ist die unangefochtene Königin der Blumen. Was nicht nur an Schönheit und Duft, sondern auch an ihren starken Liebesenergien liegen dürfte. Sie ist der Venus geweiht. Doch man kann sie auch verwenden, wenn man Mut benötigt oder einen Gesundheitszauber wirkt. Medizinisch gesehen ist die Rose eine richtige »Antipflanze«: antiviral, antibakteriell, antidepressiv und antiseptisch. Entsprechend groß ist ihr Anwendungsspektrum, doch man muss sehr aufpassen, dass man echtes Rosenöl oder Rosenwasser bekommt. Das Öl der Rose ist zwar nicht gerade billig, aber man braucht es auch nicht in großen Mengen, da es sehr wirksam ist und der Duft unverdünnt ohnehin viel zu aufdringlich ist. Als preiswerten Ersatz in der Magie können Sie auch auf Palmarosa oder Geranium zurückgreifen.

Rosmarin

Dies ist wieder eine ausgezeichnete Schutz- und Reinigungspflanze. Sie ist der Sonne zugeordnet, fördert sinnliche Liebe und verbannt negative Schwingungen. Der Rosmarin bringt Glück und ist in der Vollmondphase besonders energiereich anzuwenden. Nach alter Überlieferung kann man Rosmarin auch einsetzen, um sich der Treue seiner Frau oder seines Mannes sicher sein zu können. In der Naturmedizin wird er bei Erkältungen, Kopfschmerzen, gegen Schuppen und zur Durchblutungsförderung eingesetzt. Zudem ist er auch ein gutes allgemeines Tonikum für Geist und Körper.

Salbei

Eine ganz wichtige Pflanze, die dem Jupiter geweiht ist und in keinem Hexenhaushalt fehlen sollte! Er zieht Geld an, vertreibt böse Geister und bringt Glück. Räuchern Sie regelmäßig damit, um Ihr Heim harmonisch und friedvoll zu halten. In der Naturheilkunde ist Salbei nicht weniger wichtig. Der Tee gilt als Stärkungstonikum, man verwendet die Pflanze in den Wechseljahren, zur Wundheilung, bei Halsschmerzen, Schwäche, Schuppen und wenn man Probleme mit dem Zahnfleisch hat.

Sandelholz

Eine Merkurpflanze, die nicht nur für Glück, Recht und Erfolg steht. Sie wird auch für Heilungszauber, Kommunikation und Astralreisen verwendet. Außerdem nutzt man Sandelholz als Antidepressivum, das beruhigend und stärkend wirkt. Nicht zu vergessen seine aphrodisierenden Wirkungen. Es ist diesbezüglich kaum zu schlagen, da es leicht beruhigt und so hilft, den Alltag hinter sich zu lassen. Für Räucherungen sollte man unbedingt zum teureren, weißen Sandelholz greifen. Das rote Sandelholz riecht im Vergleich dazu nur wie verbrennendes Herbstlaub und durch die Intensität des weißen Sandelholzes ist es ausgesprochen sparsam im Verbrauch.

Schafgarbe

Oft steht sie unbeachtet am Wegesrand, mitunter sogar mitten in der Großstadt. Diese Pflanze ist dem Element Luft zugeordnet und zum Wahrsagen und für Traummagie geeignet, außerdem im Gebiet der Freundschaftsmagie einsetzbar. Die Kräuterheilkunde verwendet sie bei Erkältungen, Ekzemen, Wunden, Harnwegsproblemen. Vorsicht nur mit der Dosierung, da Schafgarbe Allergien auslösen kann.

Thymian

Diese Pflanze ist Merkur und Saturn zugeordnet. Sie gibt Mut und unterstützt das Gelingen von Plänen. Man kann sie auch für Geldzauber und Geisterbeschwörungen verwenden. In der Medizin unterstützt uns der Thymian als schleimlösende Pflanze und bei Erkältungen. Er stoppt Durchfall und wird gegen Muskelschmerzen und bei Insektenstichen eingesetzt.

Vanille

Natürlich für die Liebe! Die Schoten kann man als Liebesamulette benutzen oder in ein Liebeskissen mit hineingeben. Oder Sie verabreichen sie Ihrem Liebsten bzw. Ihrer Angebeteten in Form von Kuchen, Süßspeisen, ja sogar in Schnaps eingelegt kann man Vanille verwenden. Oder Sie kratzen das Mark aus den Schoten und genießen es in einem Liebesbad. Diesem können Sie auch noch Milch und ein wenig rote Speisefarbe zufügen, was dann ein rosa Bad ergibt. Es gibt aber auch spezielle Farben fürs Badewasser im Handel.

Weihrauch

Er ist der Sonne und der Luft zugeordnet und findet sich als Pflanze auf immer mehr Balkonen oder in Vorgärten. Der Weihrauch ist das Räucherwerk schlechthin, er vertreibt böse Geister und wirkt heilend. Weihrauch zieht Glück und Erfolg an. Gönnen Sie sich unbedingt eine gute Qualität. Räucherharze sind ausgesprochen sparsam im Verbrauch, sodass man lange etwas davon hat und statt rauchigem Geruch einen balsamischen Duft bekommt.

Wermut

Auch ein altes Hexenkraut. In zu hohen Dosen wirkt es giftig, doch ansonsten ist es sehr heilsam bei Appetitmangel und als anregendes Nervenmittel bei Schwäche. Magisch nutzt man es bei Neumond, um Zauber aufzuheben und zu beschwören. Es erleichtert die Kommunikation mit Verstorbenen (zum Beispiel an Samhain beziehungsweise Halloween), hilft beim Wahrsagen und macht Liebeszauber machtvoller.

Ylang-Ylang

Es ist ein ausgezeichnetes Öl für Liebeszauber und hilft auch speziell Frauen, sich den prickelnden Seiten des Lebens zu öffnen. Des Weiteren ist es gut gegen seelische Verstimmungen und das ideale Freitag-Abend-Öl, um nach der Arbeitswoche runter zu kommen und ins Wochenende einzutauchen.

Zimt

Zimt weckt die Leidenschaft und ist der Sonne zugeordnet. Eine gute Pflanze auch für Inspiration und mediales Arbeiten. Zimt erleichtert die Konzentration, gibt Schutz auf Reisen und unterstützt tatkräftig bei Liebes-

und Geldzauber. Heilend setzt man ihn als wärmende Pflanze ein, er hilft bei Erkältungen, Durchfall und regt den Kreislauf an. Zimt ist allgemein eine stärkende Pflanze.

Zum Abschluss noch ein wichtiger Hinweis: In letzter Zeit hat sich die Überzeugung breit gemacht, dass alles auf pflanzlicher Basis harmlos wäre. Dem ist nicht unbedingt so. Es ist wichtig, die gewählten pflanzlichen Helfer erst einmal näher kennenzulernen und sich mit ihnen vertraut zu machen. Ernsthafte Beschwerden sollten immer zusammen mit einem Arzt oder Heilpraktiker abgeklärt werden.

Magisches Arbeiten:
Von Werkzeugen, Amuletten,
Ritualen und Ernährung

»Wissen, wagen, wollen, schweigen –
das sind die vier Worte des Magiers.«

Eliphas Levi

Ausspruch von Eliphas Levi, eigentlich Alphonse Louis Constant, französischer Magier, * 1810, † 1875

Magische Werkzeuge

Als Hexe braucht man natürlich ein paar Werkzeuge und Gerätschaften. Wobei es absolut nebensächlich ist, ob man gekaufte Artikel wählt oder sich einfach seiner eigenen Kreativität bedient.

Ein Kelch kann ein edles Stück aus Silber oder ein ganz gewöhnliches Weinglas sein. Sie müssen sich keine Gedanken machen, dass der Preis die Wirksamkeit beeinflussen könnte, auch wenn so etwas immer wieder gern behauptet wird. Solche Äußerungen sind für mich nicht nachvollziehbar und lassen meines Erachtens vielmehr auf niedere, dem Materiellen sehr verhaftete Geister schließen.

Bevor wir zu den einzelnen Werkzeugen kommen, möchte ich darauf eingehen, warum wir sie überhaupt benutzen. Magische Werkzeuge an sich besitzen keinerlei Wirkung. Das hört sich zwar ernüchternd an, aber so ist es. Vielmehr sind sie, ähnlich wie ein Schraubenzieher oder anderes Werkzeug, erst in Verbindung mit unserem Willen wirksam. Magische Werkzeuge dienen der

Konzentration, sie versinnbildlichen bestimmte Energien und stimulieren unseren Geist, beim Ritual in eine bestimmte Richtung zu denken, sodass der Zauber präziser und wirkungsvoller wird.

Sie erleichtern uns die Konzentration im Ritual. Wenn man sehr konzentriert ist, kann man auch teilweise auf sie verzichten. Wie gesagt, es handelt sich hier »nur« um Hilfsmittel. Allerdings tragen diese sehr viel zur Poesie und Ausdruckskraft unserer Rituale bei. Somit ist zumindest der ein oder andere hilfreiche Gegenstand unverzichtbar für die emotionale und damit entscheidende Seite eines Rituals. Doch nun genug der Vorrede!

Altar

Das Wort Altar bedeutet ursprünglich so viel wie erhobene Fläche. Der Altar einer Hexe ist ihr heiliges Kraftzentrum und eine große Hilfe, wenn man sich regelmäßig mit Magie beschäftigt. Einfach ausgedrückt, ist er so etwas wie eine Telefonzelle zum Göttlichen, ein Zwischenreich, in dem die Kommunikation zwischen verschiedenen Ebenen möglich wird. Kein anderer Mensch sollte sich ohne Ihre Erlaubnis an ihm zu schaffen machen. Falls Ihre Katze gern mal ein Nickerchen darauf hält, ist das aber nicht weiter schlimm.

Die Mindestausstattung für unseren Altar sind zwei weiße Kerzen in den hinteren Ecken. Dazu empfehle ich noch weitere Kerzen, Muscheln, Blumen, diverse Edelsteine oder was Ihnen selbst am besten gefällt. Es ist schließlich Ihr Altar, und damit er gut zu Ihnen passt und Ihre Energien optimal transportieren kann, dürfen sich nur Dinge, die Sie selbst mögen, darauf befinden.

Als Altar können übrigens sehr verschiedene Dinge dienen: ein Brett auf Untersetzern, eine Kiste, ein Nachttisch, ein Schränkchen, eine Kommode, ein kleiner Tisch – je nachdem, was gut in Ihre Wohnung passt und Ihnen gefällt. Als Mindestfläche würde ich aber vierzig mal dreißig Zentimeter empfehlen, schließlich soll es immer noch schön übersichtlich aussehen, wenn Sie die verschiedenen Ritualzutaten darauf platziert haben.

Besen

Den berühmten Hexenbesen benutzen wir zur spirituellen Reinigung um unseren Altar herum. Man kann dafür auch einen Handfeger nehmen oder sich selbst einen Besen aus Birkenzweigen mit einem Stock in der Mitte binden. Falls man sich für den Handfeger entscheidet, so sollte dieser (das gilt für alle rituellen Gegenstände) dafür neu gekauft sein und ausschließlich für magische Zwecke benutzt werden.

Wobei manche Hexen dies genau andersherum sehen. Da es in der Hexentradition sowieso keine feste Trennung zwischen realer und spiritueller Welt gibt, können folglich auch rituelle Werkzeuge im Haushalt genutzt werden. Welche Meinung Ihnen mehr zusagt, müssen Sie mit sich selbst ausmachen. So manche Hexe benutzt auch beides: rein rituelle Gegenstände und solche, die sich sonst im Haushalt befinden.

Man kann den Besen aber nicht nur zur Reinigung des Altarbereiches benutzen. Es ist auch sehr befreiend, nachdem unangenehmer Besuch gegangen ist, dessen negative Energien zur Tür hinauszufegen. Dabei müssen Sie nicht wirklich den Boden kehren, es reicht schon, wenn Sie mit dem Besen knapp darüber streichen. Wie gesagt, es geht hier um die spirituelle, nicht die physische Reinigung.

Glocken

Ich spreche hier nicht von riesigen Glocken! Für unsere Zwecke reichen kleine Glöckchen, wie man sie in vielen Geschäften findet, völlig. Wir benutzen sie, um positive Geistwesen anzulocken, damit sie an unserem Ritual teilnehmen und es unterstützen. An welche Geistwesen Sie sich wenden, obliegt Ihrer Wahl beziehungsweise auch Ihrer religiösen Prägung. Manche bevorzugen Engel, andere Elfen oder schlicht bestimmte Energieströme, wieder andere arbeiten mit Gottheiten.

Außer der Anrufung dient die Glocke auch der Reinigung der Luft durch ihren hellen Klang. Sie hält so »ungebetene Gäste« der spirituellen Ebene oder hemmende Gefühle während des Rituals fern.

Kelch

Den Kelch benutzen wir als Symbol des Elementes Wasser und als Symbol für Weiblichkeit. Entsprechend gegenüber steht ihm der Dolch oder das Schwert als Verkörperung der männlichen Seite, wobei viele Traditionen auch den Stab verwenden. Das ist ein ziemlich beliebter Zankapfel, weshalb ich Ihnen empfehle, beides auszuprobieren und zu schauen, was Ihnen besser liegt.

Wenn wir mit dem Kelch zaubern, handelt es sich meist um Rituale, die mit unseren Gefühlen zu tun haben: Rituale, um der Göttin für etwas zu danken, Rituale, um uns selbst zu bestärken oder Mondrituale.

Ein Kelch kann, wie oben schon angedeutet, tatsächlich sogar durch einen Plastikbecher dargestellt werden. Natürlich ist das eher die Ausnahme. Im Allgemeinen trifft man auf hübsche Gläser, getöpferte Gefäße oder kleine Metallkelche. Diese können leer oder – speziell wenn man etwas opfern möchte – mit Saft, Wein, Milch, Schnaps oder Tee aus diversen Pflanzen gefüllt sein. Da viele Metalle mit Flüssigkeiten wie Wein oder Saft reagieren, würde ich grundsätzlich zu einem Kelch raten, der nicht aus Metall besteht, zumindest für Zauber, die diese Zutaten umfassen.

Man kann auch die darin befindliche Flüssigkeit verzaubern und sie dann trinken, um die entsprechende magische Energie in sich aufzunehmen. Was natürlich auch mit anderen Lebensmitteln ganz wunderbar funktioniert. Ihr Angebeteter würde niemals ahnen, dass Sie seinen Schokoladenpudding im Topf besprochen und währenddessen mit dem Kochlöffel Herzchen auf den Boden des Topfes gemalt haben …

Kessel

Wohl dem, der einen kleinen Hexenkessel sein Eigen nennen kann. Sie sind nicht gerade einfach zu finden, auch wenn der Esoterikmarkt das in den letzten Jahren etwas vereinfacht hat. Ersatzweise ist aber auch eine ganz normale feuerfeste Schale oder ein Küchentopf denkbar. Man benutzt sie draußen, um ein Feuer darin zu entzünden, vor allem bei Sabbaten. Ersatzweise bietet sich ein kleiner Gartengrill an. Um Zaubertränke zuzubereiten benutzt man in der Regel keinen Kessel, das wäre viel zu umständlich und würde Stunden dauern, bis das Wasser heiß ist. Der Kessel symbolisiert das fünfte Element, den Äther, weil sich in ihm die Zutaten (des Lebens) treffen, um etwas Neues zu erschaffen. Man kann Wunschzettel in seinen Kessel legen, vielleicht zusammen mit magischen Steinen oder Muscheln und Kräutern. Den Verwendungsmöglichkeiten sind keine Grenzen gesetzt. Viele Hexen stellen ihn in die Mitte ihrer Rituale, manche verzichten sogar ganz auf einen Altar und machen den Kessel zum Zentrum ihres Kreises.

Kristallkugel

Auch sie ist, ähnlich dem Hexenbesen, mit Vorurteilen beladen. Und wer würde nicht automatisch an eine alte Wahrsagerin mit Kopftuch denken? Dabei dient die Kristallkugel in erster Linie als Instrument zur inneren Konzentration und Versenkung. Durch diesen entspannten Zustand wird die Wahrnehmung gestärkt, und man kommt leichter an seine Intuition und deren Ansichten heran.

Mörser und Stößel

Beide gehören zu Grundausstattung einer Hexe. Man benutzt sie zum Vermischen und Zerkleinern von Kräutern. Will man eine Kräutermischung zum Räuchern zubereiten, kann ich nur empfehlen, diese möglichst fein zu mahlen, dann kann man sich nämlich die Kohletabletten sparen, weil sehr fein geriebene Kräuter ganz von allein verglimmen. Außerdem benutze ich den Mörser gern während eines Rituals, um die Kräutermischungen zuzubereiten, die zum Beispiel in ein Liebessäckchen hinein sollen. Durch die eindeutigen Formen dieser beiden Werkzeuge, werden sie auch für Fruchtbarkeitszauber eingesetzt und generell für alle Themen, die blühen und gedeihen sollen.

Pentakel

Als Pentakel bezeichnen wir sämtliche Abbildungen eines Pentagramms, das sich in einem Kreis befindet. Wir benutzen es, um Dinge zu materialisieren, also aus dem Bereich der Ideen und Wünsche in die Wirklichkeit herüberzuholen. So gesehen sollte sich bei jedem Ritual ein Pentakel mit auf dem Altar befinden. Es dient außerdem als Schutzzeichen und hält negative Einflüsse fern.

Räuchergefäß

Ein Räuchergefäß besteht zumeist aus Metall oder einer Tonschale, die unten mit Sand gefüllt wird. Man benutzt es zum Räuchern, deshalb sollte es immer auf einer feuerfesten Unterlage stehen und nicht zu klein sein, falls die Flammen doch etwas höher züngeln als geplant. Sie können das Räuchergefäß für Wunschzettelmagie benutzen, indem Sie es mit passenden unterstützenden Kräutern füllen und den Wunschzettel darauf legen. Dann zünden Sie das Ganze an und übergeben den Wunsch mit dem Rauch an die höheren Mächte, die sich seiner annehmen sollen.

Rassel

Eine Rassel ist schnell gebaut, eine Plastikflasche mit ein paar Bohnen gefüllt reicht bereits aus. Die Rasseln aus den Eine-Welt-Läden oder Afrikashops sind natürlich auch sehr schön.

Wir benutzen Rasseln vor und während des Rituals, um durch ihren Klang ungebetene Geister zu vertreiben. Anrufungen gestalten sich kraftvoller mit einer Rassel, und wir können mit ihr den Gesang während des Rituals untermalen. Manchmal hat man auch das spontane Bedürfnis, während eines Rituals einen Text zu singen, der einem gerade eingefallen ist oder den man einfach improvisiert. Magie in Verbindung mit Gesang ist stets sehr wirkungsvoll, und die hohen Mächte interessiert es dabei nicht, ob Sie gut singen können. Es geht nur darum, durch die Vibrationen der singenden Stimme den Wunsch hinauszutragen in die großen kosmischen Vibrationen und diese so zu einer Rückwirkung auf unser Leben zu veranlassen. Dabei ist eine Rassel eine gute rhythmische Unterstützung. Sie können aber auch klatschen oder auf Gegenständen trommeln. Lassen Sie dem Ganzen seinen freien Lauf und bewerten Sie nichts, was passiert, als kindisch. Das wäre hinderlich, weil gerade in den kindlich verspielten Handlungen, die spontan passieren, ein großes Kraftpotenzial liegt.

Schwert oder Dolch

Diese beiden magischen Gerätschaften benutzen wir, um das Element Luft beziehungsweise unseren Verstand und den Intellekt zu symbolisieren. In den meisten Fällen handelt es sich eher um den Dolch, da Schwerter doch recht teuer sind und bei Ritualen in der Wohnung der Platz nicht ganz ausreichen dürfte.

Der Dolch hat zumeist einen schwarzen Griff, welcher eventuelle negative Schwingungen im Ritual absorbiert. Es sind aber auch schon erfolgreiche Hexen mit einem simplen Küchenmesser in der Hand gesichtet worden. Für den Anfang reicht ein speziell für diesen Zweck gekauftes Küchenmesser tatsächlich aus. Und manche fühlen sich so wohl damit, dass sie dabei bleiben. Andere fasziniert ein Ritualdolch mehr, er strahlt für sie Macht und Souveränität aus und bringt ihnen auf diese Weise im Ritual die richtigen magischen »Vibrations«. Das muss jede(r) mit sich selbst ausmachen und dem eigenen Gefühl folgen.

Aber was mache ich konkret mit meinem Dolch? Keine Sorge, eine Hexe verletzt oder tötet nicht damit. Er dient als Symbol und kann bei Ritualen in der rechten Hand gehalten werden, um die Anrufung, den Willen,

den man materialisieren möchte, oder Sonstiges machtvoller den hohen Energien mitzuteilen. Wenn man zor-
nig ist, kann man ihn (draußen) während eines Rituals
in den Boden rammen, um die negativen Energien ab-
zuleiten und sich nicht mehr von ihnen beeinflussen zu
lassen. Es gibt noch zahlreiche weitere Anwendungs-
möglichkeiten, folgen Sie einfach Ihrer Intuition.

Stab

»Simsalabim, dreimal schwarzer Kater!« Wer würde bei
diesem magischen Utensil nicht zuerst an weiße Kanin-
chen, die aus einem schwarzen Zylinder krabbeln, denken? Ich hab sogar ziemlich lange gebraucht, bis ich mir
beim Gebrauch eines Zauberstabs nicht mehr albern
vorkam. Doch »albern« kommt von den Alben, also den
Elfen, insofern passt es auch wieder.

Als Zauberstab an sich kann man verschiedene Mate-
rialien benutzen. Man kann einen Haselnusszweig pflücken, einen fertig geschmückten Stab kaufen, einen runden
Stock aus dem Baumarkt benutzen, einen Metallstab,
einen aus Glas und so weiter. Den Möglichkeiten und
den gewünschten Verzierungen sind hier keine Grenzen
gesetzt. Manche Hexen ritzen bei Holzstäben ihre liebsten Symbole mit hinein, andere malen sie auf oder brennen sie mit einem Lötkolben hinein. Viele bekleben
ihren Stab mit kleinen Edelsteinstückchen oder wickeln
einen roten Faden darum. Das bleibt wie immer Ihre
ganz persönliche Wahl, schließlich geht es um Ihre ganz
persönliche Magie. Die traditionelle Länge eines Stabes

ist von der Ellenbeuge bis zur Spitze des Mittelfingers des Praktizierenden. Man sollte das aber nicht zu eng sehen, auch mit vergleichsweise kleinen Kristallspitzen lässt es sich zum Beispiel fabelhaft arbeiten. Es geht beim Stab nicht so sehr um die Größe, als um seine Fähigkeit, die Energie auf einen Punkt zu lenken.

Der Stab entspricht dem Element Feuer und damit unserem Willen. Man benutzt ihn, um die eigene Energie und den eigenen Wunsch durch ihn hindurch noch konzentrierter und gebündelter fließen zu lassen. Man kann ihn entsprechend während eines Rituals gen Himmel oder auf einen zu verzaubernden Gegenstand richten. Sie können ihn aber auch einfach mit auf den Altar legen, was allein schon die Kraft eines Rituals unterstützt. Das gilt natürlich auch für alle anderen magischen Gerätschaften, die man gern, je nach Zweck des Rituals, mit dabeihätte.

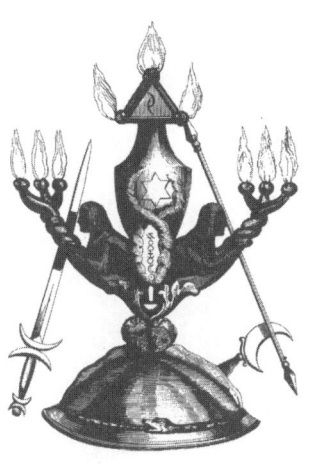

Amulette

Amulette sind ein wichtiger Bereich, nicht nur in der Magie, sondern auch im Leben. Wir benutzen sie, um Schönes anzuziehen oder Negatives fernzuhalten (ich möchte jetzt nicht näher auf die Unterschiede zwischen Amulett und Talisman eingehen, da beides im Sprachgebrauch synonym verwendet wird).

Amulette sind in jedem Fall sehr vielfältig – als Schmuck, auf Papier gezeichnet, geschnitzt oder sonst irgendwie hergestellt. Man kann sie sogar in Teig ritzen und die anschließend gebackenen Plätzchen dann verspeisen und somit die symbolische Energie des jeweiligen Amuletts in sich aufnehmen. Wenn man dies sehr bewusst tut, kann man ausgezeichnete Ergebnisse erzielen. Die christliche Lehre verfügt über ähnliche rituelle Anwendungen von Amuletten. Erwähnt sei nur der symbolische Akt des Abendmahls.

Grundsätzlich kann sehr vieles zum Amulett werden, und es gibt sogar Historiker, die grundsätzlich jede Form von Schmuck oder Körperverzierung in diese Richtung einordnen: Gutes anziehen, Negatives abwenden. Es müssen nicht immer die gebräuchlichen Symbole sein. Entscheidend ist die Bedeutung, die wir selbst in den Gegenstand legen. Bei gebräuchlichen Symbolen ist die Energie oft höher, da ihr Symbolwert von vielen Menschen kollektiv geteilt wird. Durch die Kraft all dieser Gedanken wird das Amulett entsprechend aufgeladen. Aber wie gesagt: Die persönlichen Gedanken, zum Beispiel zu einem geschenkten Kuscheltier, das einem Glück bringen soll, können genau dieselbe Intensität erreichen, weshalb ein Kuscheltier unter Umständen sogar wirkungsvoller sein kann als ein abstraktes Symbol, dessen Wert man vielleicht nicht genau kennt. Dennoch beginne ich zunächst einmal mit den abstrakten Symbolen.

Pentagramm

Das Magiesymbol schlechthin! Es hat die verschiedensten Deutungen erfahren. In der praktischen Magie verwenden wir es als Amulett, um Gesundheit und Glück zu erlangen, des Weiteren gegen Albträume und böse Geister. Steht es jedoch auf seiner Spitze, so zieht es genau diese an. Pentagramme zählen zu den mächtigsten Schutzzeichen. Man kann sie als Schmuck tragen, mit Salz streuen oder auf Papier gezeichnet bei sich tragen, je nach Anlass.

Yin und Yang

Dieses positive Amulett scheint auf irgendeine Art zum »Teenieschmuck« verkommen zu sein. Nichtsdestotrotz sollte man ein Yin-und-Yang-Symbol für alle Dinge benutzen, die wieder ins Lot kommen und ihr natürliches Gleichgewicht wiederfinden sollen. Das können seelische Belange, Beziehungsfragen, Jobprobleme oder sogar die Finanzen sein. Es steht universell für Ausgleich und Harmonie.

Hexagramm

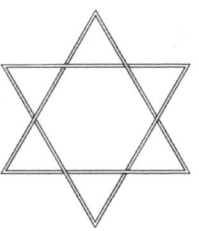

Auch als Davidsstern bekannt, vereint es die Kräfte Harmonie, Schutz und Beschwörung. Entsprechend trägt man es immer, wenn man eine Extraportion Kraft braucht. Ein Talisman in Krisenzeiten, aber auch wenn es einem gerade gut geht und man möchte, dass es so bleibt.

Ankh

Dieses altägyptische Amulett benutzt man, um Lebenskräfte zu wecken. Es ist ursprünglich ein Unsterblichkeitssymbol und somit auch in Fragen der Fruchtbarkeit ein geschätztes Symbol, egal, ob fruchtbare Gedanken, seelische oder körperliche Fruchtbarkeit gemeint sind.

Kreuz

Natürlich gibt es das Kreuz nicht nur in der christlichen Religion. Es hat unzählige Bedeutungen in den verschiedenen Kulturen. Für unseren Zweck als Talisman ist es jedoch ausreichend zu wissen, dass es vor negativen Einflüssen schützt,  vor dem bösen Blick und vor allen Dingen, die Chaos in unser Leben zu bringen versuchen.

Siebenstern

Ein Talisman speziell für Magie, um hilfreiche Geister anzulocken und sich mit den kosmischen Energien leichter in Verbindung zu setzen. Er ist in manchen Traditionen auch als Elfenstern bekannt.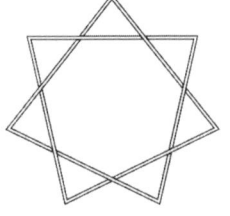

Die Anzahl der bekannten Amulette ist beinahe grenzenlos. Besonders die keltischen und ägyptischen Amulette sind noch immer sehr verbreitet. Aber auch indische und muslimische Symbole tauchen immer wieder in Form von Amuletten auf.

Sehr beliebt sind auch pflanzliche Amulette. Hier sind natürlich die Kräutersäckchen zu nennen. Sie sind mittlerweile häufig unter dem Namen »Mojo« verbreitet, aber nicht nur die afrobasierte Tradition kennt solche Säckchen, sie wurden und werden auf der ganzen Welt verwendet. Man bereitet sie für einen speziellen Zweck vor und beachtet dabei Folgendes:

Zuerst wird der Wunsch exakt formuliert. Dann wählt man die passende Farbe für den Stoff des Säckchens. Um es zu verschließen, nimmt man ein weißes Band. Anschließend sucht man sich die passenden Kräuter, die das symbolisieren, was man erreichen möchte oder fernhalten will. Es dürfen auch kleine Zeichnungen, Edelsteine, Münzen oder Ähnliches mit hinein.

Hier gilt es wie immer der Intuition zu lauschen, welche der passenden Zutaten die richtigen für diesen speziellen Talisman sind. Mit einem kleinen Ritual, das man selbst kreiert, bindet man die Kräuter und anderen Bestandteile in das Säckchen, das man von nun an immer bei sich trägt. Ist es für ein spezielles Ereignis, wie zum Beispiel eine Prüfung, gedacht, öffnet man das Säckchen danach wieder und streut seinen Inhalt in den Wind. Ist es jedoch ein Säckchen, um dauerhaft etwas zu erlangen, so lädt man es zwei- bis dreimal im Jahr mit neuer Energie auf. Dazu zieht man es durch die vier Elemente – zuerst durch Rauch (Luft), danach schnell durch eine Kerzenflamme (Feuer), dann taucht man es ein wenig in ein Schälchen mit Wasser und drückt es schließlich in etwas Salz (Erde).

Auch Tiersymbole erfreuen sich von jeher großer Beliebtheit als Glücksbringer und um ganz spezielle Dinge anzuziehen. Da es sehr viele Tiere gibt, die einen symbolischen Gehalt haben, beschreibe ich hier die wichtigsten und gebräuchlichsten.

Eule

Die Eule ist der Weisheit der Athene gewidmet und somit als Bild, kleine Figur oder Anhänger der ideale Talisman für Schüler, Studenten, Lernende und Menschen, die mit dem Kopf arbeiten. Ganz besonders dann, wenn es im Beruf gerade stressig zugeht und man trotzdem die volle Konzentration braucht.

Fische

Sie stehen für Glück, Reichtum und Fruchtbarkeit (nicht ohne Grund gibt es kaum ein Chinarestaurant ohne Aquarium, da Fische als Talismane in China überaus beliebt sind). Speziell Goldfische haben symbolischen Wert für Reichtum. Aber Sie müssen sich jetzt natürlich kein Aquarium anschaffen! Als Symbol reichen sie schon völlig aus.

Besonders im Bereich Geld habe ich positive Erfahrungen mit Fischsymbolen gemacht, zum Beispiel indem ich ausgeschnittene Fischbilder auf die Sparbüchse klebte oder ein Bildchen davon in der Geldbörse bei mir trage.

Fledermaus

Die europäische Kultur lässt ja nicht viel Gutes an ihnen. Wieder einmal verdanken wir ihren positiven Symbolwert den Chinesen. Dort stehen Fledermäuse für langes Leben, Reichtum und Gesundheit. Außerdem bringen diese niedlichen Tiere Glück, wenn man eine symbolische Fledermaus bei sich trägt und nach einem alten

Glauben darf man sich etwas wünschen, wenn man eine Fledermaus in der Dämmerung erblickt.

Frosch

Frösche sind ein guter Talisman für Fruchtbarkeit. Hierbei ist körperliche und finanzielle Fruchtbarkeit gemeint. Dafür eignen sich kleine Froschfiguren besonders gut.

Hase

Hasen stehen für Kindersegen. Allerdings kann man symbolische Häschen auch einsetzen, wenn im Sexleben Flaute herrscht und um generell die Sinnlichkeit in Beziehungen zu fördern.

Ibis

Der Ibis ist ähnlich wie die Eule für Weisheit zuständig. Jedoch liegt seine Bedeutung weniger im Wissen, dafür mehr in weisen Entscheidungen und Gedanken. Falls Sie eine wichtige Entscheidung vor sich haben, besorgen Sie sich die Darstellung eines Ibis und tragen Sie sie bei sich.

Katze

Katzensymbole benutzen wir, um unser Zuhause zu schützen. Die Katze gilt auch speziell als Schutztier für Mütter und Kinder, außerdem wacht sie über die häuslichen Schätze (reale Katzen mal ausgenommen …).

Löwe

Löwen stehen für Kraft und Stärke. Sie sind wichtig für Menschen, die sich durchsetzen müssen, besonders wenn sie dies eigentlich gar nicht so gut können. Aber auch wenn man eine zögerliche Phase ohne Entschlusskraft durchmacht, sollte man sich die Darstellung eines Löwen besorgen und stets bei sich haben.

Muschel

Muscheln benutzen wir als Amulett, wenn wir uns in Beziehungsdingen etwas schützen wollen. Und natürlich ist sie für Frauen geeignet, um Männer anzuziehen. Dazu tragen Sie eine kleine Muschel bei sich, auf die Sie jeden Freitag einen Tropfen Ylang-Ylang-Öl geben. Besonders wirkungsvoll sind Kaurimuscheln, die durch ihre weibliche Form die Göttin selbst symbolisieren, aber auch jede andere Muschel (am besten selbst gesammelt, wenn es einem möglich ist) trägt diese Energie in sich.

Schlange

Schlangen sind ein Symbol für Heilung und um Altes hinter sich zu lassen. Sie können die Schlange als Schmuck tragen, um klug zu agieren und entschlossener zu handeln.

Schmetterling

Schmetterlinge sind (im Vergleich zu beispielsweise Ibissen) leicht zu bekommen. Im Grunde können Sie außer Schmuck oder Abbildungen auch scheinbar so profane Dinge wie Haarspangen oder kleine Anhänger benutzen. Sie sollten sich da von niemandem etwas vorschreiben lassen! Schließlich kommt es immer ganz auf die Bedeutung an, die das entsprechende Symbol bei Ihnen ganz persönlich hat. Man nutzt den Schmetterling als Talisman für Eheglück, Neuanfänge, Schönheit, Freude und Leichtigkeit im Leben.

Skarabäus

Das Symbol dieses munteren Käfers nehmen wir, um Aktivität, Energie und Fleiß zu fördern. In ägyptischen Museen ist er gut zu bekommen. Außerdem wird er verwendet, um in aussichtslosen Situationen die Hoffnung auf positive Wandlung nicht aufzugeben und diese Wandlung voranzutreiben.

Der Tarot

Zu diesem Thema sind schon halbe Bibliotheken geschrieben worden, hat uns der Blick in die Zukunft mittels der Karten doch von alters her fasziniert. Doch Tarot ist mehr – es dient der Selbsterkenntnis, der Meditation und als Orakel vor Ritualen, wenn man sich nicht ganz sicher ist, welches Ritualziel einem die besten Voraussetzungen für Zukünftiges schafft.

Vorab noch ein paar Tipps und Gedanken zum Thema. Für viele steht da immer noch die Frage: Warum sollte es funktionieren, dass eine aus 78 Karten zufällig gezogene Karte die Lösung eines Problems aufzeigt, die Zukunft vorhersagen oder uns etwas über andere Menschen sagen kann?

Die Erklärung dafür ist einfach. Unser Unterbewusstsein weiß so ziemlich alles und ahnt auch vieles über andere Menschen, Ereignisse oder Dinge. Dies alles ist aber nicht frei zugänglich, so wie es die Informationen des Bewusstseins sind. Doch das Unterbewusstsein hat eine Sprache, und dies ist die Sprache der Bilder. So erfahren wir zum Beispiel durch Träume oder eben auch durch die Tarotkarten mehr über unsere viel wissende Quelle und deren Ansichten.

Deshalb ist es auch wichtig, die Karten mit der linken Hand zu ziehen. Die linke Hand ist mit der rechten Hirnhälfte verbunden, und diese ist unter anderem für das bildliche Denken zuständig. Früher sagte man, dass man diese Hand verwenden soll, weil sie vom Herzen kommt. Und mit dem Herzen sieht man bekanntlich am besten.

Man sollte nicht verkrampft an die Frage denken, während man zieht. Das beschwört nur die Möglichkeit herauf, genau das zu ziehen, was man sich oberflächlich wünscht. Seien Sie ruhig und entspannt beim Legen und überlassen Sie den Rest getrost Ihrem Unterbewusstsein.

Wenn man sehr angespannt ist, kann man die Karten auch von einer nahestehenden Person oder von einer Hexe des Vertrauens legen lassen. Bevor man auslegt, mischt man die Karten gründlich und hebt danach dreimal ab.

Manche Leute mischen die Karten, indem sie sie auf dem Tisch ausbreiten und vermengen. Die dabei auf den Kopf gedrehten Karten werfen die Frage auf, wie sie zu deuten sind. Hierzu sind die Meinungen verschieden. Ich bevorzuge es, verkehrt herum liegende Karten einfach umzudrehen und dann ganz normal zu deuten. Das Motiv muss für mich gut sichtbar sein, damit ich es interpretieren kann, was mit auf dem Kopf stehenden Karten einfach nicht funktioniert. Aber das muss jeder selbst entscheiden. Als ich anfing zu legen, dachte ich auch noch anders, geprägt durch die entsprechende Literatur. Doch mit der Zeit lernte ich, die umfassendere, intuitive Deutung und damit auch die präzisen Ergebnisse richtig herum liegender Karten zu schätzen.

Eine weitere Frage betrifft das »Umfeld« der Karten. Darf man sie in fremde Hände geben? Sollte man sie hinterher reinigen, wenn ein anderer sie in der Hand hatte? Und wie? Keine Sorge, die Karten sind so etwas wie Handwerkszeug und brauchen daher unter normalen Umständen nicht spirituell gesäubert zu werden.

Nehmen wir aber mal an, eine ungeliebte Bekannte hatte sich zu Besuch aufgedrängt und dabei zufällig Ihre Karten in die Hände bekommen. Das ist mir auch schon passiert. Irgendwie hat man das Gefühl, diese Person klebe förmlich noch am Tarotdeck. Für diesen Fall nehmen Sie ein Tuch und träufeln etwas Zedernholz-, Eukalyptus-, oder Wacholderöl darauf und wickeln die

Karten über Nacht darin ein. Am nächsten Morgen sind sie wieder »frisch«.

Viele schwören auch darauf, sich vor dem Legen erst mal in Stimmung zu bringen, indem sie Kerzen und Räucherstäbchen anzünden und den Raum etwas abdunkeln. Das alles muss jeder nach eigenem Empfinden entscheiden. Ich selbst meine, dass ein solches »Drumherum« sehr anregend auf die Intuition wirkt.

Kommen wir nun zum Grundaufbau eines Tarotdecks. Es besteht aus 22 großen und 56 kleinen Arkana. So nennt man die Karten, abgeleitet vom lateinischen Wort *arcanum*, das »Geheimnis« bedeutet. Die kleinen Arkana unterteilen sich wiederum in Stäbe, Schwerter, Kelche und Münzen (auch: Scheiben oder Pentakel). Diese stehen für die vier Elemente: Feuer, Luft, Wasser und Erde in ihren verschiedenen esoterischen Deutungen.

Im Folgenden werde ich mich nun auf das Rider-Waite-Deck beziehen, da es am gebräuchlichsten ist. Es gibt natürlich noch viele weitere Tarotspiele, die Sie benutzen können. Lassen Sie sich inspirieren und halten Sie Ausschau, welches Sie für sich persönlich am besten finden. Das ist eine der Fragen, bei denen man wirklich keine Tipps geben kann, weil das eine absolut individuelle Sache ist.

Die großen Arkana

0: Der Narr

Alles ist offen, und man beginnt ohne Scheu und Zweifel etwas Neues. Bei eher bodenständigen Menschen kann dies ein negatives Omen sein, weil er sie durcheinanderbringt. Im Allgemeinen wird hier aber der freie Aufbruch zu neuen Ufern angedeutet.

I: Der Magier

Man ist topfit. Alles gelingt, man wirkt selbstbewusst, ist geschickt und kann sich gut durchsetzen. Die Kommunikation läuft sehr gut, man ist flexibel und aufgeschlossen. Trotzdem ist man nicht überdreht, vielmehr fließt alles Handeln aus der natürlichen inneren Stärke.

II: Die Hohepriesterin

Sie ist Symbol für innere Klarheit, Geduld und Intuition. Diese Karte weist uns darauf hin, dass wir unseren intuitiven Kräften trauen können. Des Weiteren steht sie für Weisheit, Wissenschaft, Stille und Harmonie. Eine Aufforderung, auf den eigenen Bauch zu hören.

III: Die Herrscherin

Diese Karte steht für Wachstum, Gedeihen, Entwicklung und glückliche Zeiten voller Überfluss. Man ist großzügig, freut sich seines Lebens, und was man im Zeichen dieser Karte anpackt, das gelingt.

IV: Der Herrscher

Hier haben wir es mit einer erdnahen Kraft zu tun. Der Herrscher steht für Stabilität, weltliche Macht, Schutz, Kraft und Verantwortungsbewusstsein. Kann auch für eine helfende Person, die auftauchen wird, stehen.

V: Der Hierophant

Der was? Mit Hierophant wurden früher (griechische) Hohepriester bezeichnet. Diese Karte kann sehr ambivalent sein. Der stärkere Anteil liegt dabei im Positiven: Heirat, Bündnisse, tiefe Erkenntnisse, Auflösung von Zweifeln und Streit, sowie Güte und innerer Seelenfrieden. Doch er kann auch beschränkenden Einfluss haben. Es entwickelt sich dann so, dass man Dinge aufgedrückt bekommt. Um die genaue Bedeutung zu erfahren, kann man eine zweite Karte ziehen, oder man schaut auf die umliegenden Karten. Sind sie eher negativ, wirft das ein Licht auf die beschränkenden Aspekte des Hierophanten. Mit einem positiven Umfeld ist es umgekehrt.

VI: Die Liebenden

Natürlich steht diese Karte für Liebe, Anziehung und Schönheit. Doch nicht ausschließlich! Hier geht es ebenso um Entscheidungen, die man mit dem Herzen treffen soll, und um Hindernisse, die überwunden werden. Es können neue Partnerschaften oder auch wichtige Entscheidungen in einer bestehenden Partnerschaft anstehen.

VII: Der Wagen

Dies ist die Karte des Aufbruchs. Man wagt einen Neuanfang, hat Energie und ist gleichzeitig ausgeglichen. Zuversichtlich bricht man zu neuen Abenteuern auf, die unter einem guten Stern stehen und bekommt auch unterschiedliche Einflüsse oder Ideen (symbolisiert durch das schwarze und das weiße Zugtier des Wagens) unter einen Hut.

VIII: Die Stärke

Steht für Kraft, Mut, Ausdauer und die Fähigkeit, Probleme aus der Welt zu schaffen. Man hat einen wachen Geist und kann Situationen beherrschen, die Mut und Energie fordern.

IX: Der Eremit

So traurig, wie er vielleicht aussieht, ist diese Karte nicht unbedingt zu deuten. Zwar steht sie auch für Einsamkeit, aber für gut genutzte Einsamkeit, die uns zu den tiefen inneren Einsichten bringt, die man nur in der Stille erlangt. Man vertieft die eigene Persönlichkeit, ist kreativ und analysiert, was weitreichende Folgen nach sich ziehen kann.

X: Das Rad des Schicksals

Eine positive Wende wird angezeigt. Bestimmung, Erfolg, Zufriedenheit und Lebensglück sind hier die Schlüsselwörter. Manchmal wird im Zeichen dieser Karte auch unser ganzes Leben neu ausgerichtet. Keine Angst, die neue Richtung wird sich als die bessere erweisen.

XI: Die Gerechtigkeit

Eine gute Phase, in der man sorgfältig abwägt und dadurch wichtige Dinge zu einer Lösung führt. Man lebt regelmäßig, ausgewogen, legt schlechte Gewohnheiten ab und beendet Streitereien. Die Karte kann auch eine Aufforderung dazu sein, ebendies in Angriff zu nehmen.

XII: Der Gehängte

Man steht vor Prüfungen. Wenn sie überwunden sind, kommt man zu einer neuen Sicht der Dinge. Weisheit und Umsicht führen zu einer inneren Wandlung. Auslöser ist ein Engpass oder das Misslingen eines Projekts. Doch zum Schluss wird man erneuert und damit gewachsen sein.

XIII: Der Tod

Der Tod bedeutet nur in seltensten Fällen den realen Tod einer Person. Vielmehr zeigt er auf Abschiede im Leben. Etwas endet, und man wird es loslassen müssen. Es können sich sehr verschiedene Bereiche dahinter verbergen, auf jeden Fall muss man sich auf Neuerungen, die anfangs schmerzhaft sein können, in seinem Leben gefasst machen.

XIV: Die Mäßigkeit

Man haushaltet gut mit seinen Kräften. Gelassenheit und hohe Leistungsfähigkeit sind die Folge. Emotionale Themen und praktische Anforderungen werden in eine harmonische Balance gebracht.

XV: Der Teufel

Als ich anfing, Tarot zu legen, hatte ich Angst, diese Karte zu ziehen. Damals verstand ich noch nicht, dass sie uns auf Missstände aufmerksam macht und somit eine Aufforderung ist, nachzudenken und Dinge zu ändern. Der Teufel steht für alles, was an uns zehrt, ohne uns etwas zu geben. Für Abhängigkeiten, Unbewusstheit, Gewalt und Gefangenschaften im Geiste. Steht er jedoch in einem sehr positiven Umfeld, kann er auch Sexualität und schöpferische Energien bedeuten. Hier tritt dann der Aspekt des von der Kirche zum Teufel pervertierten Hirtengottes Pan in den Vordergrund.

XVI: Der Turm

Hier geht es zur Sache! Etwas trifft ein und das unverhofft. Diese Überraschung kann positiv oder negativ sein. Auf jeden Fall sollte man einen kühlen Kopf bewahren, um heil durch diese stürmischen Zeiten zu kommen.

XVII: Der Stern

Der Stern steht für unsere Hoffnungen. Man ist kreativ, inspiriert und vertraut darauf, dass sich alles wunderbar realisieren lässt, was je nach Legeumfeld der Karte durchaus passieren kann. Andernfalls ist alles nur ein Traum, der nichtsdestotrotz als Traum das Leben bereichert. Beim Stern kann man nie verlieren, man gewinnt immer dazu.

XVIII: Der Mond

Der Mond steht für unsere seelischen Tiefen mit allem, was darin schlummert. In dieser Phase sollte man nicht vorschnell handeln und sich erst einmal gründlich mit sich selbst auseinandersetzen, denn hier können unbewusste Fallstricke lauern!

XIX: Die Sonne

Höchstes Glück ist im Zeichen dieser Karte zu erwarten. Sie deutet auf erfüllte Liebe, beruflichen Erfolg, Zufriedenheit, Optimismus, Anerkennung, innere Klarheit und freudige Erlebnisse hin.

XX: Das Gericht

Diese Karte zeigt uns, dass wir uns verändern müssen. In der Hinsicht, dass alte, lästige Zöpfe konsequent abgeschnitten werden müssen, um Platz für Neues zu machen. Ein Aufruf zur Erneuerung und zur Befreiung von alten Fesseln.

XXI: Die Welt

Hier geht es um Erfolg, eine Reise (auch im übertragenen Sinne) und darum, seinen Platz zu finden. Eine Glück verheißende Karte, auch was unser kreatives Potenzial betrifft.

Die kleinen Arkana

Stäbe

As   Anfang, neue Idee, Schöpfung, Durchsetzungskraft, beginnende Selbstentfaltung

2   Farbe bekennen, Entscheidungen treffen, Einfluss, Pläne, Mut

3   Starkes Fundament, Handel, Unternehmen, Bemühen, das positiv entlohnt wird

4   Freude, Erholung, man ist glücklich, geht auf Partys und amüsiert sich generell bestens

5   Auseinandersetzungen und Herausforderungen, die man mit kühlem Kopf jedoch gut meistern wird

6   Ein Sieg auf ganzer Linie; Erfolge, Anerkennung; man erntet die Früchte seiner Arbeit und freut sich daran

7   Es gibt Auseinandersetzungen, aber man steht oben; Erfolg über Gegner; man ist mutig und schlägt sich besser als gedacht

8   Eine glückliche, dynamische Zeit; ein positives Ereignis kündigt sich an; Belebung, Unternehmergeist, Aktivität

9   Man ist zögerlich; Unterbrechung, Aufschub; man fühlt sich verletzbar, obwohl es keinen wirklichen Grund dafür gibt; eine Aufforderung, nach seinen Ängsten zu forschen und zu fragen, warum sie einen aufhalten

10   Eine bedrückende Phase; Last, Bruch, zu viel Verantwortung; man muss lernen, Arbeit abzugeben

BUBE   Eine Botschaft kommt; ein netter Fremder, den man trifft; neue Impulse, ein neuer Liebhaber, Denkanstöße

RITTER   Eine Reise, Ungeduld, Abschied, Umzug, Unternehmungslust

KÖNIGIN   Eine sanftmütige, freundliche Frau, mutig, durchsetzungsfähig, mit einem Händchen fürs Geschäft

KÖNIG   Ein temperamentvoller, leidenschaftlicher Mann; man kann ihm trauen, und er lässt einen nie im Stich

Schwerter

AS   Triumph, Eroberung, Sieg über einen Gegner, Mut, Entschiedenheit, Überfluss

2   Unentschlossenheit; man muss tief in sich hineinhören, um seinen Weg zu finden; Freundschaft, Zuneigung; man muss nicht allein kämpfen

3   Entfremdung, Enttäuschung, Kummer, Trennung, Bruch, Liebeskummer, Trauer

4   Einsamkeit, erzwungene Ruhe, Rückzug, Lähmung, Wachsamkeit

5   Verleumdung, Kämpfe, Verlust, Demütigung, Entehrung; Angriffe; eine harte Zeit

6   Aufbruch zu neuen Ufern; ein neuer Weg; man lässt Altes hinter sich; vielleicht steht eine Reise bevor

7   Clevere Schliche, Pläne oder auch Unaufrichtigkeiten und List, Wünsche und Zuversicht

8   Unentschlossenheit, Befangenheit, Krise, Kummer und schlechte Nachrichten, Verleumdung, Einschränkung, Konflikt, große Hindernisse

9   Scheitern, Täuschung, schlaflose Nächte, seelischer Druck, Tränen, Verzögerung

10   Endgültiges Ende einer Angelegenheit, Schmerz, Trennung, das Ende einer Illusion, Traurigkeit

BUBE   Spion; man wird beobachtet; falsche Freunde; manchmal auch üble Nachrede und Verleumdung

RITTER   Angriff, Rache; man hat einen Kampf auszutragen, vor dem man nicht davonlaufen sollte

KÖNIGIN   Kluge, verstandesbetonte Frau, eventuell geschieden oder verwitwet, manchmal auch kalte, unbarmherzige Frau

KÖNIG   Intellektueller Mann; kann auf einen harten, gefühlskalten Menschen hinweisen, je nach Umfeld der Karte

Kelche

AS   Glück, Freude, eine große Chance, emotionaler Neubeginn, Zufriedenheit, Fruchtbarkeit (Achtung, Mädels!)

2   Eine gleichberechtigte Liebesbeziehung; Freundschaft, Leidenschaft, Harmonie, Sympathie; eine neue, wertvolle Begegnung

3   Erfolg, Freude, Partys, Dankbarkeit, Spaß; ein glücklicher Ausgang; Heilung, Sieg, Erfüllung, Trost

4   Eingebildete Sorgen, Ekel, Überdruss, Unschlüssigkeit; Freude, aber ohne richtig überzeugt zu sein

5   Verlust, jedoch nicht vollständig; Erbschaft, Schmerz, Kummer, Depression

6   Erinnerung, Vergangenheit; Vergangenes gedeiht plötzlich wieder; Kraft schöpfen aus früheren Erfahrungen

7   Freude, Wünsche, Träume, Illusionen, erfolgreiche Zauber, neue Inspiration und Ideen

8   Loslassen, um nach Neuem zu suchen; Vorfreude, Bescheidenheit; Abschiede, teils mit schwerem Herzen

9   Gesundheit, Lebensfreude, Genuss; alles läuft bestens; Erfolge, Vorteile, absolute Zufriedenheit

10   Die Seele kommt zur Ruhe; glückliche Zweisamkeit, Zufriedenheit, ein harmonisches Zuhause

BUBE   Ein angenehmer Mensch, eine Neuigkeit, Nachdenken, Vergnügen, hilfreiche Kräfte

RITTER   Ein Bote, Ankunft, gute Nachrichten, Fortschritt, Einladung, Besuch, liebevolle Atmosphäre

KÖNIGIN   Freundliche, intuitive Frau, medial und intelligent; auch Glück, Freude, Erfolg

KÖNIG   Ehrlicher, gefühlvoller Mann, ruhig, freundlich und vielseitig interessiert

Münzen

A S Vollkommene Zufriedenheit, Befriedigung, Glück; sehr positive Karte

2 Fröhlichkeit, Aufregung, Leichtigkeit, das Auf und Ab im Leben, spielerisches Herangehen, Intuition

3 Beruf, Ruhm, Popularität, Ansehen, Lernen, neue Erfahrungen

4 Geschenke, Eigentum, Großzügigkeit, materieller Erfolg, Verbundenheit; eine Phase mit wenig Abwechslung

5 Materielle Probleme; eine starke Liebesbeziehung, die alles meistert; Existenzängste, Anpassung an Schwierigkeiten

6 Großzügigkeit, Geschenke, Aufmerksamkeit, Glück, Toleranz, unerwarteter Geldsegen

7 Geschäfte, Geduld, Warten, eine ruhige Phase

8 Beschäftigung, Arbeit, Zuversicht, Geschicklichkeit, Handel

9 Erfolg, Klugheit, Lebensfreude, Entspannung nach beendeter Arbeit, Sicherheit, Verwirklichung, Genuss, Spaß

10 Haus, Haushalt, Reichtum, Gewinn, Harmonie, familiäre Angelegenheiten

B U B E Fundiertes Wissen; ruhiger, ernsthafter, angenehmer Mensch; Fleiß, Kenntnisse, Lernen, Arbeit

R I T T E R Nützlicher Mann, Aufrichtigkeit, solide und gute Stimmung, geregelte Finanzen, Nutzen

K Ö N I G I N Fülle, Sicherheit, Freiheit; sinnliche und verlässliche Frau, launenhaft, aber charmant

K Ö N I G Tapferkeit, praktische Intelligenz, Geschäfte; bodenständiger und zuverlässiger Mann

Legemethoden

Nachdem wir die Bedeutungen der einzelnen Karten erforscht haben, kommen wir nun zu den Methoden, sie auszulegen. Grundregel dabei ist: Stellen Sie keine Fragen, die sich mit Ja oder Nein beantworten lassen. Fragen Sie zum Beispiel nicht: Wird es gut enden, wenn wir zusammenziehen? Fragen Sie: Welche Auswirkungen wird es haben, wenn wir zusammenziehen?

Seien Sie offen für das, was die Karten sagen, auch wenn es nicht Ihren Wünschen entspricht. Vielleicht sind Ihre Wünsche nicht wirklich das Beste für Sie. Vielleicht müssen Sie noch ein paar Dinge bereinigen oder ändern, bevor eine Sache in positiven Bahnen verlaufen kann.

Hier lohnt es sich nachzufragen und eine zweite Karte zur Erläuterung der ersten zu ziehen. Wenn Sie ein Blatt überhaupt nicht deuten können, lohnt es sich oft, es zu notieren und ein paar Tage später noch mal daraufzuschauen.

Wenn Sie gerade mit dem Tarot beginnen, kommen Sie garantiert auch in die Phase, in der Sie zu allem und jedem die Karten legen. Das müssen Sie sich nicht verbieten, im Gegenteil: So lernen Sie schneller die Bedeutungen der Karten, und es gibt sich schon von selbst wieder. Aber Sie müssen keineswegs alle Karten auswendig können. Nicht jeder hat die Zeit, sich sehr intensiv damit auseinanderzusetzen.

Manchmal fällt einem, auch wenn man alle Bedeutungen kennt oder intuitiv deutet, nicht gleich etwas dazu ein. Das ist völlig normal. Hier greifen Anfänger wie Fortgeschrittene gern zur Literatur, um weiterzukommen oder sich inspirieren zu lassen.

Doch nun zu den bekanntesten Legesystemen.

Das Keltische Kreuz

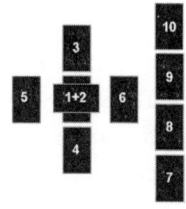

Wir nutzen es, um Gegenwart und Zukunft zu ergründen. Dafür ziehen Sie die erste Karte und legen sie vor sich. Die zweite Karte wird quer über die erste gelegt. Die dritte Karte kommt senkrecht oberhalb der beiden Karten, die vierte senkrecht darunter, die fünfte links davon und die sechste rechts von den ersten beiden zum Liegen.

Nun legt man rechts neben dem so entstandenen Kreuz eine senkrechte Linie aus vier Karten, wobei Karte Nummer sieben die unterste ist und die zehnte die oberste Karte der Linie bildet.

Danach beginnen wir mit der Deutung. Wie immer wird dabei eine Karte aufgedeckt, gedeutet und dann erst wird die nächste aufgedeckt. Die erste Karte stellt unsere Ausgangssituation dar. Die zweite, die darüber liegende Karte sagt, welche Einflüsse jetzt auf uns zukommen.

Die dritte Karte zeigt unseren Verstand, das, was wir anstreben und mit dem Intellekt wahrnehmen. Karte Nummer vier symbolisiert unser Unterbewusstsein, das, was wir in unserem tiefsten Inneren fühlen. Die fünfte Karte weist auf das, was in jüngster Vergangenheit war, und liefert auch Anhaltspunkte, wie es zu der jetzigen

Situation kam. Mit der sechsten Karte werfen wir einen Blick auf die nahe Zukunft und die Dinge, die uns dort erwarten.

Nun beginnen wir von unten nach oben unsere vier Karten am Rand aufzudecken. Die siebte Karte bezieht sich dabei auf die erste und zweite, sie zeigt nämlich, wie der Fragende über das in der ersten und zweiten Karte angesprochene Thema denkt. Die achte Karte zeigt uns das Umfeld des Fragenden und dessen Ansichten. Das kann die Familie, den Partner, Freund oder auch den Ort, an dem man sich befindet, betreffen. Die neunte Karte thematisiert unsere Hoffnungen und Ängste zum Thema, weshalb wir dieser Karte besondere Aufmerksamkeit schenken sollten. Die zehnte Karte gibt schließlich einen langfristigen Ausblick auf das Thema.

Der Zehner-Check

`1  2  3  4  5  6  7  8  9  10`

Ich nenne dieses Spiel so, weil es die zehn wichtigsten Lebensbereiche überprüft. Man zieht nacheinander zehn Karten und legt sie von links nach rechts in einer Reihe aus. Wie immer zeigen die Karten dabei erst einmal mit dem Bild nach unten. Nun deckt man eine nach der anderen auf und deutet sie wie folgt:

1   Grundgefühl (wie wir gerade zu uns selbst stehen, uns fühlen, wo wir innerlich gerade sind)

2   Gesundheit (wie es unserem Körper geht, ob ihm etwas fehlt oder er sich etwas wünscht)

3   Power (unsere innere Kraft; die Begeisterung, mit der wir an unser Leben gehen; Durchsetzungskraft)

4   Liebe (wie es in diesem Bereich aussieht, was wir anstreben sollten, welche Defizite evtl. vorhanden sind)

5   Geld (wie die Finanzen aussehen, was wir tun können, um sie zu verbessern)

6   Beruf (wo wir jetzt stehen und wie es sich diesbezüglich weiterentwickeln wird)

7   Vergnügen (sieht es gut aus in diesem Bereich oder sollten wir uns mal wieder etwas gönnen?)

8   Spirituelle Entwicklung (was wir jetzt anstreben sollten; kann auch Warnungen vor Irrwegen beinhalten)

9   Ansehen (so nehmen uns andere wahr; unsere Wirkung)

10   Was mal wieder unsere Beachtung braucht (zeigt Bereiche auf, in denen gerade ein Leck besteht, dem wir uns zuwenden sollten)

Das Liebesspiel

Bei diesem Spiel geht es um die drei entscheidenden Fragen jeder sich anbahnenden Romanze: Liebe ich ihn wirklich? Liebt er mich, oder würde er sich in mich verlieben? Passen wir zusammen? (Natürlich ist dieses Spiel auch für die Herren gedacht, dann mit vertauschten Rollen). Ziehen Sie die Karten und legen Sie sie wie im Bild. Dabei steht die erste Karte für die eigenen Gefühle zu der Person des Interesses. Die zweite zeigt, was diese für Sie empfindet. Karte drei zeigt die

Aussichten für eine gemeinsame Liebesbeziehung zwischen Ihnen beiden. Die vierte sagt, wie man die Chancen verbessern kann, damit es zu einer Beziehung zwischen Ihnen kommt, und die fünfte schließlich, wie es in näherer Zukunft im Allgemeinen für Sie um Romanzen bestellt ist. Denn wer weiß, vielleicht haben Sie Ihren wahren Romeo noch gar nicht erkannt? Nicht wenige Menschen hegen den Wunsch nach einem ganz bestimmten Partner und vergessen dabei, die Augen für näher liegende schöne Erfahrungen zu öffnen.

Der Stern

Der Stern gehört wie das Keltische Kreuz zum »Grundinventar« der Legemuster. Die Positionen bedeuten hierbei Folgendes: Eins ist der Kern der Frage, worum es ursächlich geht. Die Zwei sagt, was unsere Logik, unser Geist von dem Thema hält. Die dritte Karte zeigt uns unsere Gefühle zu der Angelegenheit. Karte vier benennt die Wünsche, die wir bewusst haben, Karte fünf, was die Gegenwart uns bietet, und die sechste Karte das, was kommen wird. Die siebte Karte schließlich zeigt das Ergebnis, wenn die Angelegenheit zu einem Ende gekommen ist.

Außerdem kann man natürlich noch viele andere Muster wählen oder selbst erfinden. Man kann aber auch spontan legen. Hierbei befolgt man kein Legemuster, sondern notiert sich vorab die Fragen, die man stellen möchte, um dann dazu konkret die Karten zu legen.

Ein anderer Weg ist, zu einem Thema eine Karte zu ziehen. Diese deutet man dann und zieht für aufkommende weiterführende Fragen weitere Karten, bis man ein klares Bild über die Situation gewonnen hat.

Mit der Zeit entwickelt man sowieso seine eigenen Wege. Manche ziehen jeden Sonntag für die nächste Woche sieben Karten, für jeden Wochentag eine. So können sie sehen, wie die Woche wird.

Man kann auch Magie mit Tarotkarten betreiben, indem man mithilfe der Karten eine bestimmte Situation, die man sich wünscht, darstellt. Danach bindet man diese Karten, mit zum Wunsch passenden Kräutern dazwischen, zusammen. Man kann die Karten auch zur Verstärkung der magischen Absicht bei Ritualen auf den Altar legen. Ich bin mir sicher, da fällt Ihnen noch eine Menge mehr ein!

Rituale vorbereiten und feiern

Kennen Sie sich mit der Materie schon aus, so finden Sie hier bestimmt noch die ein oder andere Anregung. Ist dies nicht der Fall, betreten Sie aufregendes Neuland. Ein Tipp vorab: Nicht nur lesen! Ich kenne eine Reihe von magisch interessierten Menschen, die ein Buch nach dem nächsten verschlingen, ohne sich jemals an die Praxis zu wagen.

Aber genau das ist Sinn und Zweck meines Buches. Ich möchte Ihnen ein paar Grundlagen geben, auf die Sie aufbauen können. Es ist nicht so wichtig, sich stets haarklein an alles zu halten. Viel wichtiger ist, ein natürliches Gefühl für das Richtige zu entwickeln. Machen Sie Ihren eigenen Zauber, Ihre eigene Magie, denn nur diese passen zu Ihnen. Natürlich gibt es gewisse Grundregeln. Je mehr Sie sich mit Ihrem Gefühl für die Dinge auseinandersetzen, desto mehr stellen Sie fest, wie logisch die magischen Korrespondenzen sind. Doch nun genug der Vorrede!

Die »magische Hausapotheke«

Dies ist eine Grundauswahl an Dingen, die man manchmal unverhofft braucht. Wenn Sie das Gefühl haben, die ein oder andere Pflanze oder etwas anderes wäre Ihnen auch noch sehr wichtig, dann gehört es natürlich auch mit hinein. Sie benötigen:

Kerzen

Wenn nichts Spezielles geplant ist, sind weiße gut, denn diese Farbe enthält alle Spektralfarben, kann also außer schwarzen, gold- und silberfarbenen alle Kerzen ersetzen.

Obstessig

Zum Reinigen von negativen Schwingungen, wenn Sie zum Beispiel mit einem unangenehmen Menschen zu tun hatten, unter der Dusche oder im Badewasser.

Räucherwerk
Zum Beispiel Rose, Salbei, Zimt, Rosmarin für positive Energie, Schutz und um Negatives zu bannen.

Öle
Nur die ätherischen, naturreinen verwenden, alle anderen sind nutzlos. Zedernholzöl ist bewährt in der Abwehr negativer Energie; Orange für Liebe, gute Laune und Glück; Lavendel für Reinigung, Geld und Liebe …

Kräuter
Hier sind Lindenblüten für Liebe, Harmonie und Gesundheit genauso zu empfehlen wie Kamille für seelische und körperliche Heilung; Lorbeer für Erfolg und Geld; Wacholder gegen schlechte Geister und Zimt für Geldmagie. Aber wie gesagt, dies ist nur eine kleine Empfehlung, in der Praxis werden sich immer mehr Kräuter bei Ihnen ansammeln. Sie müssen also auch nicht gleich alles am Anfang einkaufen, das kommt ganz von allein.

Salz
Als universelles Reinigungsmittel negativer Energie; besonders nützlich, weil man es auch auf Briefe und Ähnliches streuen kann, wo Essig nicht brauchbar ist. Es kann auch mit Kräutern gemischt werden.

Räucherkohle und Mörser

Um ehrlich zu sein, Sie brauchen die Räucherkohle nicht unbedingt, wenn Sie einen Mörser haben. Denn die staubfein gemahlenen Kräuter glimmen ganz hervorragend, und Räucherkohle geht schnell ins Geld, wenn man öfter mal räuchert. Mittlerweile gibt es auch Räucherstövchen, mit denen man das Räucherwerk sanft verglimmen lassen kann. Da ich persönlich den Eigengeruch, den die Räucherkohle mitbringt, nicht besonders mag, würde ich stets zum Räucherstövchen raten.

Ein kleiner Altar

Zur Ausstattung schauen Sie bitte unter dem Kapitel »Magische Werkzeuge« nach. Ich werde aber im Folgenden noch einmal eine kleine Zusammenfassung für den Altar schreiben.

Antworten auf ein paar Fragen

Ich möchte nun auf wiederkehrende Fragen in Verbindung mit Ritualen und deren Vorbereitung eingehen. Da die meisten Menschen entweder zu locker oder zu streng mit Ritualanleitungen umgehen, hoffe ich, Ihnen das rechte Mittelmaß nahebringen zu können. Denn beides kann dem Zauber schaden: Wer unsauber oder unkonzentriert arbeitet, bringt sich von vornherein um die Früchte seiner Arbeit, und wer sich ganz streng an jede kleine Vorgabe hält, hat oft nicht so die rechte Freude am Zaubern.

Wie und warum reinigt man sich vor einem Ritual?

Das Warum ist hier eindeutiger zu beantworten: Man sollte sich frisch fühlen für das, was man vorhat. Es ist auch eine Handlung, mit der man sich das Besondere des Rituals klarmacht. Man wäscht den Alltag ab, um sich dann an die rituelle Arbeit zu machen. Ob Sie baden oder duschen spielt nur in Bezug auf Ihre Möglichkeiten eine Rolle. Falls Sie duschen, ist ein Salzpeeling dabei empfehlenswert (Babyöl oder Ähnliches mit Salz mischen). Oder Sie machen einen Guss mit Obstessig. Beides ist auch noch gut für Ihre Haut. Wenn Sie baden, geben Sie dem Wasser einfach Salz oder Essig zu. Sie können auch ätherische Öle, die Sie vorher mit Sahne verdünnt haben, benutzen.

Natürlich können Sie auch einen Kräuteraufguss machen, den Sie sich selbst zusammenstellen. Vielen reicht es auch, sich symbolisch zu reinigen, indem sie mit einem Bergkristall den Körper entlang fahren und sich vorstellen, wie er alle negativen Energien absaugt. Waschen Sie den Kristall anschließend in etwas Salzwasser. Wenn es sich um ein ganz kleines Ritual handelt oder Sie aus irgendeinem Grund keine Zeit für eine Reinigung haben, können Sie sich auch einfach nur Hände und Gesicht waschen.

Den Raum, in dem Sie arbeiten, sollten Sie vorher auch symbolisch reinigen. Wenn er zum Beispiel noch randvoll mit Stress oder den Schwingungen eines ungeliebten Besuchers ist, werden Sie nicht viel Freude an Ihrem Ritual haben. Außerdem können die meisten Räume sowieso von Zeit zu Zeit eine kleine Reinigung vertragen. Hier gibt es wie immer mehrere Möglichkeiten: Sie können Salzwasser versprengen, aus einer schützenden Pflanze Tee kochen und diesen versprengen, Sie können den Raum fegen (dafür dient der berühmte Hexenbesen!) oder eine Reinigungsräucherung mit Salbei, Eisenkraut oder Wacholder durchführen.

Wie sollte ein Altar aussehen?

Was Sie als Altar benutzen, bleibt Ihnen überlassen: eine Kommode, ein stabiler Pappkarton, ein Tischchen, da sind den Möglichkeiten keine Grenzen gesetzt. Nur zu klein sollte er nicht sein. Für draußen empfehle ich ein Brett, auf gleich große Steine gelegt. Darüber legen Sie ein Tuch, die Altardecke. Weiß für den Alltag, ansonsten die passende Farbe zum jeweiligen Ritual (dazu gleich mehr). Nun stellen Sie noch zwei dicke weiße Kerzen auf die beiden hinteren Ecken, die Sie bei jedem Ritual wieder benutzen. Zur Not können Sie auch Teelichter nehmen.

Noch ein paar Worte zur Ausrichtung. Viele Hexen stellen ihren Altar in Richtung Osten auf, da diese für den Sonnenaufgang und damit auch für Neuanfänge steht. Andere bevorzugen den Norden, stellvertretend für das Element Erde und damit für die Materialisation von Wünschen. Und wieder andere unterscheiden je nach Ritualzweck: Norden für Materielles, Westen für Zauber, die mit Gefühlen zu tun haben, Süden, um sich durchzusetzen, und Osten für geistige Dinge. Ich finde diese Methode aber nur für Rituale draußen geeignet. Zu Hause sollte der Altar seinen festen Platz haben.

Nun können Sie noch andere Gegenstände, je nach Wunsch, auf Ihren Altar stellen: frische Blumen, eine Räucherschale, Glasperlen, Muscheln ... Oder Sie legen in jede Ecke das passende Symbol: im Osten eine Feder, im Süden ein Stückchen verkohltes Holz, im Westen eine Muschel und im Norden einen Bergkristall oder etwas Erde.

Wie ist das mit der Farbe des Altartuchs?
Wählen Sie:

weiß: für Heilung und tiefen Glauben; wenn eine andere Farbe ersetzt werden soll, als Symbol für Anfänge
rot: wenn Sie kämpfen müssen; um Leidenschaften zu entfachen; für Mut; wenn Sie wütend sind und etwas verändern möchten
gelb: wenn Sie etwas in Freundschaftsdingen verändern wollen oder um mehr Lebensfreude herbeizulocken
grün: für Geldrituale und Dinge, die gedeihen sollen; um Gesundheit und Fruchtbarkeit (nicht nur die körperliche!) zu fördern; für Lebenskraft und manchmal auch in Liebesdingen
blau: für gute Rednerfähigkeiten; um im Beruf etwas zu bewegen; für Schutz und innere Klarheit
rosa, auch pink, lachsrot, fuchsia und Ähnliches: für die Liebesmagie

lila: für Heilung, Spiritualität; zur Einswerdung mit sich selbst

schwarz: zur Meditation; zum Bannen; um sich zu stabilisieren; beruhigt und schenkt Souveränität

Warum zieht man sich vor Ritualen besser um?

Weil ein Ritual etwas Besonderes ist. Kleider machen Leute, und so kann man sich schon allein durch das Umziehen vor einem Ritual in die richtige Stimmung bringen.

Und was sollen Sie anziehen? Am besten etwas aus natürlichem Material, weit und bequem. Die Optik spielt hier keine entscheidende Rolle. Sie sollen sich wohl darin fühlen. Sie können es sich auch selbst schneidern, es muss ja nicht hundertprozentig perfekt sein. Die persönliche Beziehung dazu ist viel wichtiger, also die Art, wie Sie Ihr Gewand schmücken, welchen Schnitt Sie sich auswählen. Probieren Sie doch einfach mal etwas aus.

Eine andere Art, die manche Hexen bevorzugen, ist im »Himmelsgewand« zu feiern, also ohne Kleidung. Okay, Sie werden jetzt vielleicht die Stirn runzeln. Aber das ist die natürliche Religion der Hexen, die auch einen natürlichen Umgang mit dem eigenen Körper nach sich zieht. Doch wir leben heute, und irgendwie hat jeder seine eigenen Komplexe mit dem Körper. Werbung und Medien tun ein Übriges dazu. Tun Sie mir einen Gefallen: Lassen Sie sich wenigstens in der eigenen Wohnung nicht vom Diktat des perfekten Körpers verfolgen!

Wie Sie aber Ihre Rituale feiern wollen, müssen Sie letztendlich selbst entscheiden. Ich möchte jedoch nicht unerwähnt lassen, dass zum Beispiel die alten Römer es ganz natürlich fanden, nackt zu beten. Der Körper ist heilig, das finden Sie in vielen, alten Religionen, mit Ausnahme der christlichen. Die denkt offenbar, man könnte den Körper aus der Spiritualität ausklammern, beziehungsweise meint, dass dieser der spirituellen Entwicklung sogar hinderlich ist. Und wir alle sind in einer christlich geprägten Kultur aufgewachsen. Diese Einstellung hinter sich zu lassen, um zu neuen, anderen Erfahrungen und Gedanken aufzubrechen, ist oft nicht leicht. Lassen Sie sich also Zeit dabei. Was langsam im Kleinen reift, hält länger als schnelle große Veränderungen.

Wie zieht man den magischen Kreis?
Da gibt es ja recht abenteuerliche Beschreibungen in der Literatur, die sich selbst als okkult feiert. Aber keine Sorge, es ist ganz einfach. Wenn Sie draußen sind, können Sie einen Kreis aus Steinen legen. Zu Hause haben Sie mehr Möglichkeiten: Muscheln, Schnipsel, Glasperlen, eine Schnur oder Steine. Falls Sie besonders widrigen Energien gegenüberstehen, können Sie auch Knoblauchzehen verwenden oder einen Kreis aus Salz streuen. Den Durchmesser müssen Sie wohl Ihren Wohnverhältnissen anpassen. Generell gilt: Größer ist besser.

Falls Ihnen kaum Platz zur Verfügung steht, geht es auch über das Visualisieren. Stellen Sie sich vor, wie sich ein Kreis aus Licht um Sie und den Altar legt und wie er nach Ende des Rituals wieder verschwindet. Für größere Rituale würde ich einen konkreten Kreis aber mehr empfehlen, da er eine stärkere Barriere darstellt.

Wie ist der Ablauf eines Rituals?

Egal, ob Sie Großes vorhaben oder im Kleinen arbeiten möchten, der Ablauf ist immer derselbe:

1 reinigen und alles bereitstellen
2 den magischen Kreis bilden
3 Anrufung der jeweiligen unterstützenden Macht
4 der Zauber an sich
5 die angerufene Macht wieder verabschieden
6 sich wieder erden
7 Aufheben des magischen Kreises

Wie man reinigt und den magischen Kreis bildet, wissen Sie ja schon. Danach wird die entsprechende Macht beziehungsweise Kraft angerufen. Das kann eine Göttin sein, deren Hilfe Sie erbeten, die hohen Mächte allgemein (zum Beispiel die der Liebe), ein Geist, ein Engel oder was Sie persönlich bevorzugen.

Nun folgt der eigentliche Zauber, in dem Sie die Dinge mit Hilfsmitteln (zum Beispiel Öle, Kerzen, Puppen, Wunschzettel ...) und Ihrer gezielten Projektion der entsprechenden Wünsche bewegen. Was sich mit wenigen Worten beschreiben lässt, ist der Kern eines jeden Rituals. Machen Sie Ihre Wünsche real, indem Sie mit Unterstützung der zuvor angerufenen Macht gezielt wünschen.

Danach müssen Sie der angerufenen Gottheit, oder wen Sie sonst ausgewählt hatten, danken, dass sie Ihnen beigestanden und Kraft gespendet hat. Verabschieden Sie die Gottheit. Das alles kann in ganz gewöhnlicher Umgangssprache erfolgen. Wenn Sie für diesen Bereich jedoch lieber feste Formeln schreiben oder übernehmen wollen, ist das auch in Ordnung. Da hat jeder seine persönlichen Vorlieben. Die Ergebnisse unterscheiden sich nicht, auch wenn manche Autoren geradezu auf feste Formeln schwören. Ich bin jedoch der Ansicht, dass ein inniger Wunsch oder aufrichtiger Dank am besten mit spontanen Worten ausgedrückt werden kann.

Schließlich müssen Sie sich wieder erden. Das ist sehr wichtig, um auf ein normales Energieniveau zurückzukommen. Stellen Sie sich vor, wie die ganze überschüssige Energie, die nach dem Ritual noch in Ihnen steckt, langsam in den Boden unter Ihnen abfließt und so wieder zur Erde zurückkehrt. Lassen Sie sich Zeit dabei.

Was übrigens für das gesamte Ritual gilt! Lassen Sie sich Zeit! Weniger als eine halbe Stunde sollten Sie nie einplanen. Sie müssen sich schließlich erst einmal »einschwingen« auf das, was Sie vorhaben.

Warum ist die Vorbereitung so wichtig?

Ganz einfach, weil Sie sonst nicht vernünftig arbeiten können. Vorbereitung heißt ja nicht nur einkaufen oder pflücken gehen. Es heißt auch nachdenken. Was will ich genau erreichen? Welches sind meine Beweggründe? In der Vorbereitungsphase setzen Sie sich mit sich selbst auseinander und mit der Energie, die Sie in Ihr Leben holen wollen. Das ist enorm wichtig, denn sonst fehlt Ihnen das richtige Gefühl für Ihr Ritual. Außerdem sollten Sie schon wissen, welche Gottheit Sie da genau anrufen. Den Ablauf des Rituals sollten Sie ebenfalls kennen und nicht unbedingt vom Zettel ablesen.

Bei Anfängern sieht das natürlich anders aus! Kein Meister fällt vom Himmel. Noch besser ist es natürlich, sich anfangs nicht ganz so komplizierte Rituale zusammenzustellen, sodass man sie leicht behalten kann.

Muss ich mich immer an diesen Ablauf halten?

Jein. Ja, wenn es sich um ein Ritual im eigentlichen Sinne handelt. Nein für die kleinen Alltagsrituale, einfachen Zauber und Ähnliches. Alles, was nicht ganz so wichtig ist, wo man nur mal sehen will, ob der Wunsch tatsächlich in Erfüllung geht, kann auch ohne formellen Rahmen betrieben werden. Allerdings kann ein vorgestellter schützender Lichtkreis nie schaden!

Welche Rolle spielen die vier Elemente im Ritual?

Man kann sie gleich, nachdem man den magischen Kreis betreten hat, anrufen. Das geht am einfachsten, indem man im Osten beginnend den Kreis im Uhrzeigersinn abschreitet und bei jedem Viertel – Osten, dann Süden, Westen und Norden – die entsprechenden Elemente anruft, bis man wieder nach Osten schaut. So hat man die Elemente Luft, Feuer, Wasser und Erde aktiviert und seinen magischen Kreis verstärkt.

Es ist zu empfehlen, die vier Elemente in jedes Ritual mit einzubauen. Zum Schluss verabschiedet man sie wieder und dankt ihnen für die gespendete Kraft, diesmal entgegen dem Uhrzeigersinn von Norden nach Osten.

Noch ein paar Tipps

Zünden Sie die beiden Altarkerzen bei jedem Ritual zu Beginn an und räuchern Sie anschließend, das reinigt die Luft und lädt sie gleichzeitig mit den für das Ritual benötigten Energien auf. Lassen Sie sich Zeit! Keine festen Termine danach, deretwegen Sie auf die Uhr schauen müssten! Wer zwischen den Welten ist, darf nicht unter Termindruck stehen.

Halten Sie Rituale nur in entspannter Stimmung ab. Achten Sie auf den Mondstand: zunehmend für Dinge, die wachsen sollen, abnehmend für Dinge, die verschwinden sollen, Vollmond, wenn maximale Kräfte gebraucht werden, und Neumond zum Bannen.

Ernährung für Körper, Geist und Seele

In diesem Kapitel soll sich alles um das nötige Gleichgewicht und darum, wie man es behält, drehen: innerlich wie äußerlich. Ich gebe Ihnen meine Lieblingstipps zu Ernährung, Wohlbefinden und der Gestaltung des persönlichen Umfeldes.

All dies ist wie immer undogmatisch zu sehen. Sie sollten sich vor allem zu Herzen nehmen, öfter mal das zu tun, was Ihnen guttut. Das müssen nicht unbedingt riesige Dinge sein, lauschen Sie einfach einmal in sich hinein. Ich selbst mag am liebsten eine fleischarme, halbwegs gesunde Nahrung.

Wer möchte schon auf etwas Süßes hin und wieder verzichten? Aber was ist das Richtige für Sie? Und was, wenn Tütensuppen Ihr Ein und Alles sind? Ich kann Ihnen nur raten, sich für neue Erfahrungen zu öffnen, besonders wenn es um die Ernährung geht!

Es gibt so viele Arten, sich zu ernähren: makrobiotisch, nach dem Ayurveda, vegetarisch, vollwertig oder auch einfach ganz normal mit viel Obst und Gemüse, das integriert wird. Ich biete Ihnen hier bewusst kein »allselig« machendes Konzept an, darüber gibt es nur zu viele Bücher mit teils recht eigenartigen Ansichten, die geradewegs in Essstörungen führen können bzw. bei Lichte betrachtet schon eine Essstörung für sich selbst darstellen. Ich möchte Sie ermuntern, selber etwas zu suchen, das zu Ihnen passt. Und zwar in Ihrem Tempo! Viele dieser Supermethoden lässt man nach zwei Wochen (wenn es überhaupt so lange dauert) wieder fallen und kehrt in den alten Trott zurück. Genau das gilt es jedoch zu vermeiden.

Daher meine Empfehlung: Nicht alles gleich radikal umstellen. Bauen Sie immer mal was Neues ein, fühlen Sie in Ihren Körper hinein, wie er sich nach der Mahlzeit anfühlt. Sind Sie vital und frisch oder fühlen Sie sich beschwert?

Noch ein Tipp: Wenn Sie sich näher über Ayurveda informieren möchten, lesen Sie für den Anfang unbedingt das Buch eines europäischen Autors! Das hört sich zwar eigenartig an, hat diese Philosophie doch ihren Ursprung in Indien, aber in Indien ist das Marktangebot ein ganz anderes. In vielen indischen Büchern finden Sie Zutaten, die hier kaum zu kriegen sind – vor allem wenn man nicht in der Großstadt lebt. Die europäischen Autoren gehen eher von unseren Gewohnheiten und Einkaufsmöglichkeiten aus. Und wenn Sie diese Bücher dann gelesen haben, können Sie immer noch die indischen Originale studieren. Da sich Ayurveda nicht nur mit Essen, sondern mit dem gesamten Leben und seinen Energien auseinandersetzt, kann ich Ihnen die Lektüre nur empfehlen!

Aber keine Sorge, ich lasse Sie jetzt nicht mit nur ein paar Buchtipps allein. Hier noch ein paar Grundsätze zur Ernährung für Ihren Körper: Essen Sie viel Frisches und verbannen Sie Konserven, so gut es geht – Tiefkühlkost ausgenommen. Meiden Sie Fertigprodukte und kochen Sie so oft wie möglich selbst, dann wissen Sie auch, was drin ist. Meiden Sie Streit bei Tisch oder verschieben Sie das Essen, bis er ausgetragen ist. Denn auch das beste Essen bekommt einem nicht, wenn man den ganzen Ärger mit hinunterschluckt.

Verbannen Sie auch Weißmehl, polierten Reis, Zucker, auch wenn Ihnen die Werbung einredet, dass Pralinen und Pizza tatsächlich die Bezeichnung Nahrung verdienen. Das sind »Leckerchen«, die jedoch nicht die Basis der Ernährung sein dürfen. Sie brauchen schließlich gutes Essen, damit Sie gut und gesund leben. So zum Beispiel Nüsse, Beeren, Selbstgekochtes, Vollkornprodukte, Honig … Und nicht zuletzt: Entdecken Sie die Welt der Gewürze! Diese Vorstellung mag zwar vielen hierzulande schwerfallen, aber es gibt noch mehr Gewürze als Salz und Pfeffer.

Ich könnte hier noch eine ganze Reihe Tipps schreiben, aber das Allerwichtigste ist, dass Sie sich diesem Thema bewusst öffnen. Das hört sich vielleicht etwas hochtrabend an, aber ich weiß von vielen Leuten, dass das Sprichwort mit dem Bauern, der nur isst, was er kennt, nicht nur auf den Bauern zutrifft. Denken Sie mal über das Schmecken nach. Es kann gut sein, dass Sie auch schon zu den Menschen gehören, denen nur mit Geschmacksverstärker versetzte Lebensmittel noch so richtig schmecken. Viele unterscheiden auch nur zwischen süß, sauer, salzig. Doch es gibt noch viel mehr! Dabei sollten wir uns öfter mal fragen, welche chemische Substanz zum Beispiel den Käsegeschmack der Nudelpfanne ausmacht, die im Küchenregal in ihrer Tüte darauf wartet, verspeist zu werden. Oder: Wo beispielsweise Erdbeerjoghurt draufsteht, ist statistisch nur eine halbe Erdbeere drin. Woher kommen dann aber die Farbe und der Geschmack des Joghurts? Wollen Sie sich ewig nur von Surrogaten (Ersatzstoffen in Lebensmitteln) ernähren? Sicher nicht. Denn unserem Körper schadet dieser Betrug nur, wird er doch um wertvolle Inhaltsstoffe und verschiedene Geschmackserlebnisse gebracht.

Ich vergleiche industrielle Lebensmittel gern mit synthetischen Duftölen. Beide haben keine positive Wirkung auf unseren Körper, weil sie nicht echt sind. Wer jedoch lebendige Nahrung, die noch viele wichtige Vitalstoffe enthält, und echte ätherische Öle genießt, wird sich damit deutlich besser fühlen. Halten Sie sich stets den Satz »Ich bin doch kein Abfalleimer!« vor Augen. Ich habe einmal den schönen Vergleich mit einem Motor gelesen. Würden Sie dem den falschen, minderwertigen Sprit verpassen? Und Ihr Körper ist noch um einiges wertvoller als ein Motor!

Jetzt fragen Sie sich vielleicht, was das alles mit der Hexerei zu tun hat. Das ist ganz einfach: Als Hexe arbeiten Sie mit den Kräften der Natur, und Sie brauchen viel Energie. Da Sie dazu aber nur die besten Stoffe gebrauchen können, sollten Sie diese auch nutzen.

Beobachten Sie eine Weile, wie Ihr Körper auf Nahrung verschiedener Art reagiert. Sie werden feststellen, wie die Ernährung Ihr Energieniveau beeinflusst. Und das erheblich! Suchen Sie sich also Ihren »Power-Sprit« zusammen und genießen Sie ihn. Natürlich nicht so, dass Sie sich nur noch von ein paar Lebensmitteln ernähren. Offen sein für Neues und Experimentierfreude sind wichtig und eine echte Bereicherung des Lebens – hier genauso wie in allen anderen Bereichen!

Vielleicht ist das auch die grundlegendste Eigenschaft einer Hexe: Neugierde – im besten Sinne des Wortes, immer abgesichert durch einen untrüglichen Instinkt, was gut und was schlecht für sie ist. Aber vergessen Sie nicht: Nobody's perfect! Hexen sind es auch nicht, also stellen Sie keine überhöhten Anforderungen an sich, sondern arbeiten Sie konsequent daran, das ist Anforderung genug!

Nachdem wir die körperliche Ernährung abgehandelt haben (welche sich natürlich auch auf die Seele auswirkt), komme ich nun zur Nahrung für die Seele. Schauen Sie in sich hinein: Was mögen Sie? Wonach sehnen Sie sich?

Kümmern Sie sich um sich selbst, achten Sie dabei besonders auf Ihre Tagträume. Diese inneren Bilder geben wertvolle Aufschlüsse über das, was Sie wirklich wollen. Wenn wir den sprachlichen Gedanken haben, mal wieder schwimmen gehen zu wollen, kann das ganz unterschiedliche Gründe haben, die teilweise gar nicht unsere eigene Idee waren. Aber wenn wir uns vor unserem geistigen Auge fröhlich planschend im Wasser sehen, dann ist es das, wonach sich unsere Seele wirklich sehnt.

Vor allem anderen hat die Seelennahrung Priorität – sie muss genau das sein, was Sie selbst mögen. Das kann ein Waldspaziergang sein, ein Kuchen, den Sie backen, ein neuer Duft, den Sie entdecken, neue Vorhänge, ein tolles Buch oder was auch immer.

Haben Sie eigentlich ein Haustier? Meiner Meinung nach ist das eine echte Bereicherung für einen (Hexen-) Haushalt. Aber bitte artgerecht! Falls Sie eine winzige Wohnung haben, ist ein ebenso winziger Hamster eher zu empfehlen als beispielsweise ein Schäferhund.

Sie müssen natürlich auch bedenken, wie viel Zeit Ihr Tier am Tag braucht und wie viel Sie davon haben. Wobei natürlich auch der Charakter und die Persönlichkeit des jeweiligen Tieres eine Rolle spielen. So hatte ich zum Beispiel mal eine Schildkröte, der die geräumige Wohnung zum Spazieren zu wenig war – sie musste auch noch durch den Garten sausen (na ja, im Rahmen ihrer Möglichkeiten …). Und viel später hatte ich einen Kater, der wirklich groß war, aber um keinen Preis der Welt meine Wohnung verlassen wollte, sondern lieber auf den Möbeln drinnen herumturnte.

Ich denke, Tiere sind deshalb so wichtig, weil sie einen komplett neuen Menschen aus uns machen. Sie leben mit uns, ohne uns jemals zu beurteilen, fordern nichts als Futter und Liebe. Und sie geben einem alles zurück, wenn auch auf ihre Weise. Es tut gut, sich auf sie einzustellen und ihre Einfälle bringen einen zum Schmunzeln (meistens …). Man bleibt flexibel im Kopf und regt sich nicht mehr über die alltäglichen Nichtigkeiten auf. Und man lernt den Respekt vor anderen Lebewesen.

Als Kind hatte ich ein paar Freundinnen, deren Eltern ihnen jede Art von Haustieren verboten hatten. Das kam mir damals schon ziemlich grausam vor. Vor allem wenn das Verbot mit Sätzen wie »Die haaren so« begründet wurden. Bei Allergien ist das natürlich etwas anderes. Aber was sind das ansonsten für Menschen, die sich wegen ein paar Haaren so viel Freude durch die Lappen gehen lassen?

Auch das Argument, es sei doch so traurig, wenn die Tiere irgendwann sterben, finde ich typisch für unsere heutige Zeit: Spaß ja, aber bitte ohne Konsequenzen, die sich irgendwann mal ergeben. Doch der Tod gehört zum Leben, und gerade Kinder reifen daran, wenn sie die Trauer um ein geliebtes Haustier durchstehen und sie lernen, was Verlust bedeutet und wie man ihn bewältigt!

Ich weiß, wovon ich rede. In unserer Familie waren Haustiere immer mit von der Partie. Als unsere »Familienkatze« mit stolzen elf Jahren eingeschläfert werden musste, war das sehr hart. Aber das Leben läuft einfach weiter, und das ist gut so. Man darf sich bloß nicht der Tatsache verschließen, dass es zwei Seiten hat. Auch wenn die heutige Spaßgesellschaft eine Seite davon am liebsten abschaffen würde, aber das Leben hat seine eigenen Gesetze, die wir nicht ändern können.

Nachdem ich Ihnen einen persönlichen Sonnenschein ans Herz gelegt habe, nun aber weitere Tipps, wie Sie Ihrer Seele die nötige Nahrung geben können.

Da wären zum Beispiel die Farben. Haben Sie sich jemals Gedanken gemacht, welche Farben in Ihrem Haushalt vorherrschen und wie sich diese auf Ihr Wohlbefinden auswirken? Es gibt Menschen, die so weit gehen zu behaupten, dass man sogar nach Farben essen sollte. Entscheiden Sie selbst, wie Sie es mit solchen und ähnlichen Äußerungen halten wollen. Fest steht jedenfalls, dass die Farben Ihrer Umgebung Einfluss auf Ihr Wohlbefinden und Ihre (magische) Leistungsfähigkeit haben.

Grün ist beispielsweise für die Gesundheit zu empfehlen, gelb nutzt man ebenso wie orange, um die Stimmung aufzuhellen. Blau dient zur Konzentration und rote Farbtupfen wirken aufmunternd. Zarte Violettöne wirken sich positiv auf die spirituelle Entwicklung aus, braun wirkt beruhigend. Greifen Sie nach Lust und Laune in den Farbtopf, doch denken Sie daran, wenn Sie einen Raum streichen wollen, nicht zu intensive Farben zu wählen! Und bitte weder rot noch schwarz. In roten Räumen bekommt man mit der Zeit Bluthochdruck und steht richtiggehend unter Strom. Bei schwarzen Räumen ist der Effekt zu beobachten, dass man darin automatisch friert, egal, wie stark man die Heizung aufdreht.

Meine persönlichen Empfehlungen wären ein zartes Grün für das Badezimmer und das Schlafzimmer, Hellblau oder ein helles Violett für das Arbeitszimmer,

Orange für das Wohnzimmer und gelb für die Küche. Das Kinderzimmer sollten Sie immer nach den Wünschen des Kindes gestalten.

Aber wie gesagt, das alles sind lediglich Vorschläge! Vielleicht würde ein kräftiges Blau viel besser zu Ihrer Küche passen? Probieren Sie es aus. Sie wissen schließlich am besten, was gut für Sie ist.

Und falls Sie etwas eitel sind (Hey, wer behauptet, dass das ein Fehler ist?!), sollten Sie bei der Auswahl Ihrer Farben darauf achten, ob sie auch gut zu Ihrem Typ passen. Aber wenn einem eine Farbe dann einmal so richtig gut gefällt, ist es einem meistens sowieso egal, ob sie einen etwas blasser macht.

Ein Wort noch zur Wohnungsgestaltung: Viel Natur, viel Holz, Metall, natürliche Stoffe. Egal, was Sie bevorzugen, aber nehmen Sie viel Natürliches in Ihre Wohnung. Wir selbst sind ja auch natürliche Wesen (bis auf ein paar Implantatversessene), also brauchen wir ein Umfeld, das uns darin unterstützt. Wenn Sie als Hexe zu Ihrem ursprünglichen Wesen finden wollen, sind Holzmöbel, Zimmerpflanzen und Ähnliches auf jeden Fall mehr zu empfehlen als Plastikoberflächen.

Auf jeden Fall benötigen Sie eine Duftlampe und ein paar natürliche Dinge, wie zum Beispiel Muscheln, Wurzeln oder kleine Edelsteinhöhlen. Auch über die Wände gespannte und drapierte Tücher sehen toll aus, aber lassen Sie Vorsicht walten, wegen der Kerzen. (Und falls Sie eine Katze haben, können Sie sich ja denken, dass sich diese sofort daranmachen wird, ihre wildesten Dschungelfantasien daran auszuleben!)

Nachdem ich Körper und Seele angesprochen habe, möchte ich nun auf den Geist und damit auf die Macht unserer Gedanken eingehen. Keine Sorge, niemand verlangt von Ihnen ständig gute Laune, weil Sie das angeblich noch leistungsfähiger macht! Es ist doch illusorisch anzunehmen, dass ständig gute Laune gesund wäre. Gesund ist, im Leben wie in der Magie, immer das Gleichgewicht. Doch bei den meisten Leuten kippt die Waagschale eher in Richtung negativ.

Ich bitte Sie mal ein paar Tage lang Ihre Selbstgespräche zu verfolgen. Wahrscheinlich ist öfter mal ein »Das konnte doch nur wieder mir passieren« oder ein »Oh Mist, war das gerade blöd von mir« dabei. All diese Sätze, mit denen Sie sich selbst herunterziehen, werden Sie von nun an ausmerzen! Und dann ersetzen Sie sie durch etwas Netteres, Passenderes. Jedem passieren Fehler. Befreien Sie sich aus dem Gefängnis der Perfektion. Sie sind ein wunderbarer Mensch und wie jeder andere auch mit Fehlern behaftet. Und was ist so schlimm daran?

Ist es nicht viel schlimmer, wenn man kein wunderbarer Mensch mehr ist, nur weil man versucht, perfekt zu sein? Perfektion liegt in der Natur keines Wesens auf diesem Planeten, vergessen Sie das nicht.

Hexentraditionen & Hexenwissen: Von Traditionen, Feiertagen und Bräuchen

»Tradition ist Bewahrung des Feuers und nicht Anbetung der Asche.«

Gustav Mahler

Ausspruch von Gustav Mahler, österreichischer Dirigent und Komponist, * 1860, † 1911

Hexentraditionen

Mit diesem Thema könnte man ganze Bibliotheken füllen! Überall auf der Welt gibt es Hexen, es gibt unzählige Traditionen, Riten und Zauber. Sogar scheinbar absolut realistische und atheistische Menschen freuen sich über ein Glücksschweinchen, das sie geschenkt bekommen. Freilich ohne auch nur zu ahnen, dass es ursprünglich etwas mit uralten Fruchtbarkeitskulten zu tun hat und ein heiliges Symbol so mancher Göttin ist.

Ich möchte Ihnen die grundlegenden Feste einer Hexe aus unseren Breiten vorstellen, die Esbats und Sabbate.

Esbats

Dies sind die traditionellen Vollmondfeiern. Am Abend des Vollmondtages richtet man dazu einen Altar her. Man stellt frische Blumen und Räucherzeug darauf, sowie silberne, weiße oder rote Kerzen. Der Kelch wird mit Rotwein gefüllt, und man stellt eine Schale mit selbst gemachtem Gebäck – zum Beispiel in Sichelform – dazu.

Den Esbat feiert man vom Ablauf her wie ein Ritual. Es ist auch ein Zeitpunkt, um zu zaubern, da man jetzt die maximalen Mondkräfte ausnutzen kann. Man feiert die große Göttin, wie sie in voller Blüte am Himmel steht. Ein Esbat ist ein sehr sinnliches Erlebnis. Die volle Mondin symbolisiert auch die Frau in ihrer vollen Kraft, entsprechend kann man mit Meditationen und Ritualen Kraft für den kommenden Monat tanken.

Sabbate

Seien Sie nicht enttäuscht, aber die acht großen Sabbate im Hexenjahr sind nicht besonders gruselig. Da geistern ja des Öfteren eigenartige Darstellungen durch die Medien, doch mit Hexenritualen können sie nicht viel zu tun haben.

Was aber sind sie dann? Sie feiern alte, heidnische Feste, wie sie schon seit Urzeiten gefeiert werden. Feste, die uns mit Urenergien in Verbindung bringen und mit dem Jahreslauf in Verbindung stehen. Unterteilt werden sie in die kleinen Sabbate (zu den Sonnwenden beziehungsweise Tagundnachtgleichen, also Ostara, Litha, Mabon und Jul) und die großen Sabbate, die der keltischen Mythologie entstammen (Imbolc, Beltane, Lammas und Samhain).

Wundern Sie sich nicht, wenn die Feste auch unter anderen Bezeichnungen zu finden sind. Da im Hexenglauben nicht allzu viele Dogmen vorhanden sind, leiten manche die Namen anderweitig her, aber die Feste sind grundsätzlich genau dieselben.

Noch ein Wort zu den Terminen: auch dazu gibt es verschiedene Ansichten. Die kleinen Sabbate verschieben sich oft ein wenig, etwa zwischen dem 21. bis 23. erreicht die Sonne den jeweiligen Punkt, in astronomischen Kalendern kann man das für jedes Jahr nachlesen. Die großen Sabbate werden oft hineingefeiert, wie beim traditionellen Tanz in den Mai, man feiert also vom 31.1. auf den 1.2., vom 30.4. auf den 1.5. und immer so weiter. Wobei dazu gesagt werden muss, dass die meisten Hexen am Wochenende vor oder nach einem Sabbat feiern, weil es sich auch zeitlichen Gründen gar nicht anders einrichten lässt. Ein Jahreskreisfest ist ohnehin nicht von einem Tag auf den anderen vorbei, man sollte sich das eher wie eine Welle vorstellen, die sich aufbaut, ihre Spitze erreicht und dann langsam wieder verebbt.

Imbolc, 31. Januar
auf den 1. Februar

Er ist auch unter dem Namen Brigid bekannt. Es ist das Fest der nun endlich spürbar längeren Tage. Die Farben sind entsprechend Weiß und Gelb. Zum Räuchern benutzt man an Imbolc Rosmarin, Zimt und Myrrhe. Zu essen gibt es

Currygerichte, Kuchen, die mit Safran gebacken wurden, Milchprodukte und in manchen Gegenden auch Mohngebäck. Es ist ein fröhlicher Sabbat, an dem man sich schon auf das kommende Grün und das sich erneuernde Leben freut.

Ostara, etwa 21. März

Dies ist das vorchristliche Osterfest. Man feiert den Sieg des Lichts über die Dunkelheit, es ist also nicht zufällig von den Christen für deren Auferstehungsfest gewählt worden. Wobei man den heutigen Christen natürlich nicht ankreiden darf, dass die heidnischen Kulte zuerst da waren und erst durch die Gräuel der kirchlichen Hexenverfolgung im Bewusstsein der Menschen so gut wie ausgelöscht wurden. Denn niemand anderes als Pan oder andere gehörnte Fruchtbarkeitsgötter wurden von der Kirche in die Figur des Teufels pervertiert. Also: Respekt von beiden Seiten und bitte keine Missionierungsversuche! Jeder soll nach seiner Façon glücklich werden.

Aber nun wieder zum heidnischen Osterfest. Ostara ist eine alte Frühlingsgöttin, die gefärbten Eier und die kleinen Häschen werden dabei als Fruchtbarkeitssymbole auf den Altar gelegt. Die Kerzen sind gelb und grün, man räuchert mit Jasmin und Rose. Zu essen gibt es Vollkornprodukte, Früchte und natürlich Eier! Als Getränk wählt man am besten Met. Durch seine sonnige Farbe passt er bestens zu diesem Fest.

Beltane, 30. April auf den 1. Mai

An diesem Sabbat müssen Sie durchmachen! Oder zumindest bis tief in die Nacht feiern. Es ist das wilde fröhliche Fruchtbarkeitsfest, bei dem es ausgelassen zugeht und Sex großgeschrieben wird. Aber nicht ordinär, wie es heutzutage oft in den Medien anzutreffen ist, sondern als Ausdruck des Teilnehmens an der Fruchtbarkeit der Natur, die in diesen Tagen aus allen Ecken hervorbricht. In gewisser Weise ergibt sich das im Frühling ja von selbst …

An diesem Fest wird leuchtend roter Wein getrunken, als Speisen dienen rote Früchte und grüne Salate sowie selbst gebackener Kuchen. Rot und grün sind auch die Kerzenfarben: rot für Sexualität und Kraft und grün für Wachstum und Gedeihen. Geräuchert wird mit Weihrauch, Flieder und Rose. Genießen Sie diesen Sabbat der entfesselten Kräfte, in dieser Nacht spürt man, wie die Luft förmlich sirrt vor Zaubern und Magie.

Litha, etwa 21. Juni

Litha ist der längste Tag des Jahres, den man mit all seinem Licht gebührend feiern muss. Bedeutet er doch auch den langsamen Abschied von den hellen Tagen des Jahres. Es ist ein Wendetag, doch man feiert ihn fröhlich und ohne Wehmut als Höhepunkt einer schönen Zeit. Die Farben der Kerzen sind orange und gelb. Doch an Litha darf es auch mal ein kleines Freudenfeuer draußen sein! Geräuchert wird mit Rose, Lavendel und Zitrone. Als Speisen dienen frisches Obst und Gemüse, dazu trinkt man Met oder Bier.

Lammas, 31. Juli
auf den 1. August
An diesem Tag wird Erntedank gefeiert. Schmücken Sie Ihren Altar mit Korngarben oder Strohpuppen. Stellen Sie ein Körbchen mit Feldfrüchten und Obst auf, vergegenwärtigen Sie sich all die wunderbaren Geschenke der Natur, die man im Alltag oft, ohne einen Gedanken daran zu verschwenden, zu sich nimmt. Die Farben sind rot und orange, geräuchert wird mit Sandelholz und Rose, die uns durch den gesamten Sommer begleitet hat. Zu essen gibt es Brot, Reis, Beeren und Früchte. Als Getränk reicht man Cidre. Feiern Sie dieses Fest mit der gebotenen Üppigkeit.

Mabon, etwa 21. September
Nun beginnt die dunkle Zeit des Jahres. Mabon ist ein typisches Herbstfest, ein zweiter Dank für die nun eingefahrene Ernte. Die  Kerzen sind rot und braun, man schmückt den Altar mit Herbstlaub, Eicheln und einem Granatapfel. Mabon ist auch so eine Art Anzeiger für den Rückzug ins häusli-

che Leben, jetzt wo die Tage kälter und ungemütlicher werden.

Geräuchert wird mit Myrrhe und Salbei, um die Luft zu reinigen, bevor man sich »zurückzieht« von draußen an den heimischen Herd, um es symbolisch auszudrücken. Zu essen gibt es an diesem Sabbat Brot, Hülsenfrüchte, Äpfel und Wurzelgemüse. Als Getränk reicht man Cidre und Säfte.

Samhain, 31. Oktober
auf den 1. November

Dieses Fest der Verstorbenen war in alten Zeiten das Neujahrsfest. Man trug gruselige Masken, um böse Geister zu verscheuchen, oder auch um die Geister, die in dieser Nacht unterwegs waren, darzustellen. Heute denken wir an unsere Ahnen und Verstorbenen. Man stellt über Nacht einen Teller mit Essen, ein Glas Wein und eine Kerze auf den Esstisch – für die Verstorbenen. Es ist eine ausgezeichnete Nacht, um wahrzusagen und sich mit den Toten aus der Familie zu unterhalten. Aber bitte keine spiritistischen Spielchen! Sie wollen doch gesund weiterleben, oder? Die Farbe ist, wie zu erwarten war, schwarz, als Räucherung dienen Minze und Salbei. Zu essen gibt es Äpfel, Nüsse, Kürbisgerichte (irgendwo muss der Inhalt der lustigen Fratzenleuchte ja hin) und Preiselbeeren. Sie können Gewürzwein oder Apfelwein dazu trinken. Feiern Sie dieses Fest eher besinnlich, befragen Sie Orakel und denken Sie auch über den Tod als Bestandteil des Lebens nach.

Jul, etwa 21. Dezember

Die Sonne kommt ab heute wieder. Entsprechend sind die Farben weiß, rot und grün. Nun werden die Tage wieder länger, und das sollte man auf jeden Fall feiern. Auch  hier sticht einem natürlich das christliche Weihnachtsfest ein paar Tage später in die Augen, ganz ähnlich wie bei Ostern wurde hier einem alten Fest ein neuer, christlicher Anstrich verpasst.

Räuchern Sie mit Lorbeer, Wacholder und Zeder und genießen Sie Nüsse, Äpfel, Geflügelbraten, Kümmelbrötchen und Wacholder. Dazu trinken Sie am besten Glühwein.

Auf den eigenen Bauch hören

Vielleicht ist Ihnen schon aufgefallen, dass es in diesem Buch recht frei zugeht. Sie brauchen keine Spezialöle, vorgeweihte Kerzen oder teure magische Gerätschaften. Sie haben sich, Ihren Willen und Ihre magischen Fähigkeiten. All dies gilt es zu entwickeln, Schritt für Schritt. Ich halte nicht viel davon, sich erst eine teure Ausstattung zu kaufen und dann trotzdem noch an der magischen Oberfläche zu schwimmen.

Sie selbst – ganz ohne Hilfsmittel – sind der Schlüssel zum Erfolg. Wenn Sie an sich arbeiten, sich infrage stellen, bestätigen oder verändern, wenn Sie ausprobieren, mit allen Sinnen wahrnehmen und dabei keinen Ihrer Gedanken ignorieren, dann werden Sie eine »ganze« Hexe. Es ist dabei egal, ob Sie einmal die Woche ein Ritual feiern, öfter oder seltener, oder nur mal eine ganz bestimmte Sache erreichen wollten und für die nächste Zeit nichts weiter vorhaben.

Befreien Sie sich von der Vorstellung perfekt sein zu müssen, sie ist gerade in esoterischen Kreisen häufig anzutreffen und absolut absurd. Nur die Angst vor dem Falschmachen nährt schließlich die Zweifel an den Fähigkeiten, die Ihnen von der Natur mitgegeben wurden. Und damit nährt sie auch eine große Industrie, nämlich die der anonymen Horoskopdienste und riesigen Hotline-Betriebe. Diese Menschen sind oft genug nur an Ihrem Geld und nicht an Ihrem Leben und dessen Gestaltung interessiert.

Lernen Sie, Ihren eigenen Gefühlen zu vertrauen. Das braucht seine Zeit, doch ich versichere Ihnen, es ist lohnenswerter, sich ein hübsches Tarot zu kaufen und sich damit auseinanderzusetzen, als für teure Telefongebühren anonyme Ratschläge zu bekommen.

Etwas anders sieht es natürlich mit den Medien und Wahrsagern, die Sie persönlich kennen. Denn dort können Sie genau gucken, ob Ihnen diese Person gefällt und welches Gefühl sie in Ihrem Bauch auslöst. Aber: Sie dürfen keinem blind glauben! Eine Freundin von mir interessiert sich sehr für ihre Zukunft und am liebsten möchte sie alles bis ins kleinste Detail im Voraus wissen. Was nicht weiter schlimm wäre, wenn sie nicht so dermaßen riesige Summen bei ihrem Lieblingswahrsager lassen würde – aber das muss sie selbst wissen, sie ist schließlich ein erwachsener Mensch. Als ich sie letztens traf (sie wohnt in einer anderen Stadt), wollte sie unbedingt, dass ich ihr die Karten lege.

Ich hatte nichts bei mir, wer trägt schon ständig seine Karten mit sich herum. Aber jetzt wollte ich natürlich wissen, was los ist! Sie erzählte mir, dass der Wahrsager ihr gesagt hatte, was alles in ihrem Leben gut und was schlecht laufen würde. Doch anstatt sich darauf einzustellen, dass im Leben nun mal nicht alles rund läuft, wollte sie nun von mir das Gegenteil von dem, was der Wahrsager im Negativen vorhergesagt hatte, hören. Da ich sie gut kenne, überraschte mich das nicht. Ich konnte mich nur zu gut erinnern, wie lange ich einmal auf sie einreden musste, dass die Tarotkarte »der Tod« nicht automatisch bedeutet, dass jemand stirbt.

Sie sehen also, was einem ansonsten wundervollen Menschen passieren kann, wenn er meilenweit von seinem eigenen Bauch und der Erkenntnis, dass nicht alles machbar ist, entfernt ist. Mit dieser Geschichte will ich Ihnen auch eine Gefahr, die beim Kartenlegen besteht, deutlich machen. Wenn Sie gerade etwas labil oder nervlich angeschlagen sind, seien Sie vorsichtig mit den Karten. Das hat folgenden Grund: Nehmen wir an, Sie fühlen sich fit und ausgeruht und legen die Karten. Sie sehen darin eindeutig ein Gewitter an Ihrem Horizont auftauchen und entwickeln entsprechend eine Idee, wie Sie sich dagegen wappnen können.

Wenn es Ihnen jetzt jedoch nicht so gut geht, können Sie schlechte Karten geradezu erschrecken und seelisch nach unten ziehen, weil Sie nicht wissen, woher Sie die nötige Kampfkraft nehmen sollen. Verstehen Sie, was ich meine?

Es hat absolut nichts mit Feigheit zu tun, die Karten manchmal nicht anzurühren. Zumal es Anhaltspunkte gibt, dass sich Ihre Stimmung beim Legen auch auf das Ergebnis auswirkt. Deshalb lege ich nie, wenn ich schlechte Laune habe, aber auch nicht, wenn ich total fröhlich und überdreht bin. Der richtige Zeitpunkt hat hier eine entscheidende Wirkung. Und Sie können ihn nur herausfinden, wenn Sie auf Ihren eigenen Bauch hören!

Zum Ausprobieren

Liebeszauber für Partnersuchende

Alle um Sie herum wirken verliebt, doch Sie scheinen nur sehnsüchtig dabei zuschauen zu können? Das muss nicht so bleiben! Der folgende Zauber verhalf mir selbst nach langem Singledasein, das immer mal von unerquicklichen Affären unterbrochen wurde, zu einer glücklichen Beziehung. Ich weiß von Freundinnen, die diesen Zauber auch probierten. Und obwohl sie sonst mit Magie nix am Hut haben, erreichten sie vom romantischen Abenteuer bis zur festen Beziehung so einiges damit. Machen Sie sich keinen Druck, versuchen Sie es einfach wie ein Spiel.

Sie brauchen nur vier Abende Zeit, rosa Stoff, eine dicke rosafarbene Kerze, einen Fluss, Bach oder Teich, Rosenblüten und Honig. Am ersten Abend ritzen Sie in die Kerze zwei überlappende Herzen, danach kochen Sie Tee aus den Rosenblüten und benetzen die Kerze mit dem Rosentee und dem Honig (wenn Sie Akazienblütenhonig bekommen können, ist das noch vorteilhafter). Schließlich zünden Sie die Kerze für genau drei Minuten an und blasen sie danach wieder aus.

Die folgenden zwei Abende brennen Sie die Kerze zur exakt gleichen Zeit wieder für drei Minuten an. Am letzten Abend (wieder zur gleichen Zeit) wickeln Sie die Kerze in den rosa Stoff und bringen sie zu einem Gewässer Ihrer Wahl. Dort vergraben Sie die Kerze.

Liebeszauber, auf eine bestimmte Person abzielend

Diesen Zauber auszuführen ist recht einfach, er ist also für jede(n) geeignet. Nehmen Sie zwei Zwiebeln, rosa Band, einen hübschen Blumentopf, Blumenerde und einen rosa Marker. Schreiben Sie mit dem Marker Ihren Namen auf die eine Zwiebel und den der anderen Person auf die andere.

Mit Ihren sehnsüchtigsten und liebevollsten Gedanken binden Sie die Zwiebeln mit dem rosa Band zusammen und pflanzen sie so in den Blumentopf. Gießen Sie die Zwiebeln (nicht zu viel) jeden Morgen und denken Sie an die/den Geliebte(n).

Wenn die Zwiebeln austreiben, ist das ein gutes Zeichen für das Wachstum der Gefühle zwischen Ihnen beiden. Zudem sind Zwiebeln schützende Pflanzen, das bedeutet: Sie werden mit diesem Zauber nicht versehentlich einen Menschen an sich binden können, der gar nicht für Sie bestimmt ist.

Geldzauber

Ich hatte einen sehnlichen Wunsch und leider keinen Cent übrig, als ich diesen Zauber kreierte. Und tatsächlich entwickelte sich alles großartig, in nur zwei Wochen konnte ich mir meinen Wunsch leisten. Ob das bei Ihnen genauso schnell geht, weiß ich nicht. Aber einen Versuch ist es wert!

Nehmen Sie ein Glas mit Deckel und bekleben oder bemalen Sie es mit Dingen, die Ihren Wunsch symbolisieren oder darstellen. Wenn Ihnen nichts dazu einfällt, können Sie ihn auch einfach nur darauf schreiben. Nun mischen Sie (die genauen Mengenanteile sind nicht so wichtig, Hauptsache zum Schluss kommen ein bis zwei Esslöffel der Mischung heraus): Zimt, Salbei, Gewürznelken, Gänsefingerkraut (wenn Sie es bekommen, sonst Lorbeer oder Safran) und ein paar Tropfen Patchouliöl.

Falls Sie einen Mörser besitzen, können Sie die Mischung darin auch zu feinem Pulver mahlen. Nun füllen Sie die Mixtur in das bemalte bzw. beklebte Glas und geben ein wenig Geld dazu. Der Trick besteht darin, später auch wieder etwas des so magisch behandelten Geldes herauszunehmen und in Umlauf zu bringen. So ziehen Sie durch die Kräutermischung, die noch hauchfein daran klebt, neues Geld an. Das Glas darf aber niemals bis auf die letzte Münze geleert werden, und man muss es so lange behalten, bis sich der Wunsch erfüllt hat.

Jemanden aus seinen Gedanken verbannen

Nehmen wir mal an, jemand hat Sie verletzt, hintergangen, bewusst Unwahrheiten über Sie verbreitet oder etwas in der Art. Am liebsten würden Sie vermutlich einen bitterbösen schwarzen Zauber ausgraben und es der betreffenden Person mal so richtig heimzahlen. Verständlich, aber unklug! Denn so binden Sie sich noch näher an jemanden, den Sie am liebsten auf den Mond schießen würden.

Magie bindet nicht nur den Ausführenden an die Person, die er zu beeinflussen sucht, sondern wirkt auch in die umgekehrte Richtung. Was ja eigentlich logisch ist. Der Punkt muss also sein, sich von dieser negativen Person zu lösen. Ich schätze mal, sie spukt Ihnen den halben Tag durch den Kopf – und genau hier gilt es anzusetzen. Sie können das Verhalten anderer Menschen nicht ändern, aber Sie können Ihr eigenes Verhalten ändern. Und es wäre schon mal ein wichtiger Schritt, dass diese Person keine Macht mehr über Ihre Gedanken hat.

Wenn die Wut mal wieder in Ihnen hochsteigt, nehmen Sie einen Rauchquarz in die Hand und stellen sich vor, wie die gesamte negative Energie in diesen abfließt. Waschen Sie den Stein jeden Abend unter fließend kaltem Wasser. Wenn Sie zu Hause sind, können Sie auch mit Salbei räuchern oder ein Bad, dem etwas Salz zugefügt wurde, nehmen. Beides reinigt von negativen Energien und öffnet somit auch für neue, bessere Gedanken.

Und wenn Sie die betreffende Person das nächste Mal sehen, sagen Sie ihr, was Sie stört! Aber bitte in einem vernünftigen, ruhigen Ton. Falls Ihnen das aussichtslos erscheint, können Sie es aber auch lassen. Es kommt darauf an, wie der Fall gelagert ist.

Aphrodisisches …

Seien wir mal ehrlich: Wenn es in diesem Bereich nicht so richtig läuft, sind meist beide Seiten geknickt. Noch bevor wir hier auf esoterischer Ebene etwas unternehmen, muss erst einmal ein klärendes, offenes Gespräch her. Vielleicht auch mehrere.

Danach kann man in Mutter Naturs Trickkiste greifen, um für neuen Elan und Schwung zu sorgen. Für die heimische Duftlampe empfehle ich Orange, Patchouli, Ylang-Ylang, Sandelholz, Vanille, Lavendel oder Bergamotte. Je nachdem, was man am liebsten mag. Und besser nicht zu viel des Guten, drei bis fünf Tropfen pro Zimmer reichen völlig.

Dass Liebe durch den Magen geht, sollte man auch nicht vergessen. In der Küche findet sich viel Brauchbares in Sachen Verführung. So zum Beispiel Zimt, Vanille, Gewürznelken, Kakao, Basilikum, Curry, Mangos … Die Liste ließe sich noch um einiges erweitern, am besten informieren Sie sich darüber ausführlich in der entsprechenden Literatur. Auch Tee aus Damiana (kann man auch rauchen) und Eisenkraut wird eine aphrodisische Wirkung nachgesagt – natürlich alles ganz sanft. Einen »Flash«, nach dem man ungezügelt übereinander herfällt, sollte man nicht erwarten. Man kommt einfach in Stimmung – was man daraus macht, hängt immer noch von einem selber ab.

Wunscherfüllung

Zum Schluss noch ein Zauber, mit dem man sich einen sehnlichen Wunsch erfüllen kann. Gehen Sie dafür zuerst auf die Suche nach einem flachen, ebenen Stein, der ruhig auch etwas größer sein darf. Waschen Sie diesen zu Hause unter fließendem Wasser und trocken Sie ihn gut ab. Nun nehmen Sie einen Stift mit der zum Wunsch passenden Farbe (siehe Kapitel »Die sieben Planeten und die Mondin«) und schreiben bzw. malen Sie Ihren Wunsch auf den Stein.

Gehen Sie danach am passenden Wochentag (siehe gleiches Kapitel) zu einem Fluss und werfen Sie den Stein mit aller Kraft hinein, während Sie intensiv an Ihren Wunsch denken (Sie können anstelle des Steines auch eine Tonkabohne nehmen, dann allerdings ohne den Wunsch darauf zu vermerken, denn dafür ist sie viel zu klein). Danach sollten Sie nicht mehr allzu oft an Ihren Wunsch denken, dann erfüllt er sich umso schneller.

Kleines Literaturverzeichnis

Debra Keller, *Die Alchemie der Liebe*, ars edition (Liebesmagie, Liebespflanzen, -edelsteine und -metalle. So winzig dieses Büchlein auch ist, es steckt allerhand darin!)

Starhawk, *Der Hexenkult*, Goldmann (Für Anfänger und Fortgeschrittene, die alles zur Hexenreligion amerikanischer Ausprägung wissen wollen)

Gillia Kemp, *Das Zauberbuch für Frauen*, Scherz (Magische Rezepte für jede Lebenslage, basierend auf Zigeunermagie.)

Z. E. Budapest, *Herrin der Dunkelheit, Königin des Lichts* (Einführung in die feministische Magie mit viel Wissen um alte Traditionen. Für manche allerdings schon etwas zu feministisch verpackt – das muss jeder selbst entscheiden.)

Clarissa Pinkola Estés, *Die Wolfsfrau*, Heyne (Eine Art psychoanalytisch bearbeitetes Märchenbuch, faszinierend und sehr nach Art des Wicca!)

Aleister Crowley, *Magick in Theorie und Praxis*, Phänomen (Nein, ich halte nichts von schwarzer Magie, trotzdem ist Crowley brillant als Autor und vermittelt in diesem Buch neben einigen obskuren Dingen auch viel Wissen der alten magischen Schulen.)

Gerina Dunwich, *Neues aus der Hexenküche*, mvg (Viel Kräuterwissen und praktische Magie für alle Gebiete des Alltags und der Magie – sehr empfehlenswert.)

Phyllis Curott, *Im Namen der Großen Göttin*, Goldmann (Eine Frau erzählt autobiografisch von ihrem Weg in die Magie und dem Erwachen ihrer Fähigkeiten auf diesem Gebiet. Für Anfänger, die noch etwas unsicher sind, wohin der magische Weg sie führen wird, absolut empfehlenswert.)

Penelope Ody, *Naturmedizin Heilkräuter*, BLV (Das beste Buch, das ich zu diesem Thema kenne! Die angesehene Heilpraktikerin informiert anschaulich und ausführlich über die verschiedensten Pflanzen und ihr Anwendungsspektrum.)

Fritz Glunk, *Das große Lexikon der Symbole*, Gondrom (Wissen über die mythologischen und symbolischen Bedeutungen von Tieren, Edelsteinen, Pflanzen, Metallen,

Farben, Zahlen und noch vieles mehr. Nicht nur für Anfänger empfehlenswert.)

Zahlreiche weitere Buchtipps zu spirituellen und magischen Themen erhalten Sie auf Claires Homepage. *www.hexe-claire.de*

Bücher von Claire

Magische Impulse für ein erfülltes Leben

978-3-453-70278-3

978-3-453-70171-7

978-3-453-70250-9

978-3-453-70331-5

978-3-453-70362-9

978-3-453-70296-7

Leseprobe unter
www.heyne.de

HEYNE ‹